《五维交易理论》是目前最权威的交易基础理论教科书

五维
交易理论

金桐 著

股票交易
畅销版

★ 五维教程 ★

经济管理出版社
ECONOMY & MANAGEMENT PUBLISHING HOUSE

图书在版编目（CIP）数据

五维交易理论/金桐著. —北京：经济管理出版社，2020.5
ISBN 978-7-5096-7113-9

Ⅰ.①五… Ⅱ.①金… Ⅲ.①股票交易—研究 Ⅳ.①F830.91

中国版本图书馆 CIP 数据核字（2020）第 077520 号

组稿编辑：杨国强
责任编辑：王虹茜　杨国强
责任印制：黄章平
责任校对：董杉珊

出版发行：经济管理出版社
　　　　　（北京市海淀区北蜂窝 8 号中雅大厦 A 座 11 层　100038）
网　　　址：www. E-mp. com. cn
电　　　话：（010）51915602
印　　　刷：三河市延风印装有限公司
经　　　销：新华书店
开　　　本：720mm×1000mm/16
印　　　张：9
字　　　数：130 千字
版　　　次：2020 年 8 月第 1 版　2020 年 8 月第 1 次印刷
书　　　号：ISBN 978-7-5096-7113-9
定　　　价：48.00 元

目　录

第一章　理论起源

一、五维交易理论的内涵

（一）"五"的神秘属性探究

天地不言，时节自序，万事万物，皆有缘起。"五"这个符号，随着历史而沉淀，在自然界里非常易见。山有五岳，水有五湖。《史记·天官书》说："天有五星，地有五行。"这是古人从观察到的自然现象中归纳出的"五"。在古人的朴素世界观里，无论是天上、地下、水里，都与"五"这个数字有着紧密的联系，代表了一种时空运行的秩序，一种彼此之间的呼应与联系，一种构建完整世界的元素。

在西方国家，历史上曾经暴发过大规模瘟疫，许多人被夺走了生命。不少人归咎于得罪了圣灵，以至于灾难降临，恶疾横行。他们认为，"五"这个数字是通往圣界的符号，通过一系列有仪式感的活动，可以逢凶化吉、永保平安。于是，他们在生活中习惯性地以五次跪拜、五组词汇祈福、五根松木枝泼水来表达对圣灵的敬意与虔诚。无论最终的结果如何发展，至少在当时起到了稳定人心的作用。

在社会风俗中，"五"也具备着一些特定的属性。食有五味，亲有五服。《子思子·鸢鱼》说："天下之达道五，所以行之者三。日君臣也，父子也，夫妇也，昆弟也，朋友之交也。五者，天下之达道也。"可见，在中国传统社会文化里，"五"蕴含着数量众多、道路通达的属性。在这种思维的引导下，形成了许许多多具有中国特色的专有词组，如五彩缤纷、五谷丰登、学富五车、五子登科等。其中，这些词大都描绘了内心喜悦的心境，寄予了古时人们追求美好生活的愿景。

在现实中，不难发现，"五"与我们身体部位息息相关。古语云"近取诸身，远取诸物"。当观察者本人将自己的身体也当作就近方便的观察对象时，也许最为直观的发现就是"五"的存在。人体上最容易自见的部位是手，手掌上长长凸起的五根手指，是进行生产劳动的主要支柱，是一切创造变为现实的基本工具。同时，人有五根脚趾，是直立行走，丈量整个大地，到达远方目标的重要依托。手和脚构成了人的基本肢体，成为了人连接这个世界的重要载体。

人有五官，其是一个人外在具体形象以及内在精气神的集中体现，决定了一个人在这个世界的基本画像。现在是"看脸的时代"，更多说的就是看一个人的五官长得端不端正、秀不秀气、精不精神，如果人的五官给人留下美好的感觉，那么做任何事情会更容易获得周围人的好感和信任。这是一种绵延了千万年的古老神秘感应，不仅仅人类社会如此，动物界、植物界也有类似的现象发生，只是表现形式会有所差异，但本质都是相同的，都是宇宙开源以来，物种进化、优胜劣汰形成的隐性法则。

（二）金融市场"五"的使用规律

在金融领域，"五"也是具有非常意义的数字。在股市里的一些技术理论中，涉及"五"的因子，都是重要的技术点位支撑和压力参考位，也是买入和卖出的重要依据。一些顶级私募操盘手也喜欢用挂单尾号含有"五"的数字来向市场暗示自己的操作动向。还有一些金融界大佬在选择公司的楼层、手机和固定电话号时也喜欢尾号含有"五"的数字，并将其作为幸运数字。纵观世界各类金融技术流派的操作理论，无论是基本分析、趋势分析，还是演化分析，都离不开"五"这个重要元素。

（三）交易盘口密码理论中"五"的运用

在我们做股票并运用日线来进行基本分析的时候，通常都会看分时图盘口情况。其中，不同时段的挂单和成交数量里面蕴含着许多不为人知的秘密。尤其是在早些年，市场法律法规并不完善的情况下，许多顶级私募操盘手就是通过盘口语言来吸引市场参与的，同时，也是通过盘口语言邀约其他主力跟庄或者暗示其他主力不要介入的。介于篇幅关系，在此不展开赘述，仅探讨"五"这个元素在盘面的表现和所包含的主力信息。

我们都知道，每一个股票后面都会对应一个或者多个主力，很多时候，主力的操盘计划是内部的绝密资料，不可能向外宣示。然而，市场的起伏是由资金推动的，主力也需要其他参与者的助力来一起推动股价成长。但是，基于政策越来越规范，许多的主力信息不可能通过公开渠道去发布，否则就会违反《证券法》，会受到严厉的制裁。以往那种通过不实信息来吸引散户眼球、引起跟风的手段越来越不合时宜。于是，聪明的主力开始转战盘口，利用盘口语言来向外界传递某种信号。

主力大资金时常利用盘口挂单技巧，引诱大家做出错误的买卖决定，委买卖盘常失去原有意义。例如：有时刻意挂出大的卖盘动摇持股者的信心，但股价反而上涨；有时开盘集合竞价大涨，但当天收盘往往大跌。这些都充分显示主力声东击西、欲盖弥彰的意图。因此，注重盯住盘口是关键，这将使我们有效地发现主力的一举一动，从而更好地把握买卖时机。这就要大家充分了解盘口语言。如果出现"555"一连串挂单，意味着"捂捂捂"，预示即将上涨，如果数字出现在买盘，意味着有人需要接盘，暂时牢牢持有。

如果上面的盘口实践，数字出现在卖盘，则意味着机构还在吸筹，暗示其他机构暂时捂着不动，忽略短期市场波动，等待主力后续的主升波到来。遗憾的是，很多散户，往往看到了卖单的出现，不问东西，跟着杀跌，结果，几分钟的急跌停止后，股价迅速反弹，甚至创了新高，让许多初学者懊悔不已。

二、理论的具体内容

五维交易理论，顾名思义，具有五个维度。这五个维度，彼此相互联系、相互呼应，紧密结合在一起，形成了趋势判定、价格预测、买卖考量的重要合力。或许有人会问，为何是五维，而不是三维、四维或者六维？这个问题，上文已经强调过，取法于天地、日月、人类社会之某种规律，并付诸实践之中，也是笔者这么多年，穿越牛熊、学思践悟后的理论升华，具有坚实的理论基础和扎实的实践经验。

五维交易理论，突出的是五个核心要素。哲学告诉我们，要学会抓住事物的主要矛盾和主要方面，关键的部位抓住了，其他的问题都会迎刃而解。事实上，人们在生活中关注的往往也是主要问题，次要方面通常会被选择性地忽略。比如，一个比较现实的上海丈母娘挑女婿，可能也会列出要有房子、车子、学历、身高、工作等要求，作为衡量未来女婿的核心指标。因为一个受到社会和周遭人认可的成功人士，往往在个人修养、生活自律及人际交往方面有一定的标准，他所结交的朋友圈也不会太差，女儿跟了他，未来的生活质量会得到一定的保障。这也好比大学老师申报国家级、省级人才奖励，个人的成就那一栏往往只需填写几项具有代表性意义的课题和论文，不必罗列所有细枝末节，评审者便可以一个小的视野窗口，洞窥一个人的全部学术面貌，继而给人才进行层次评定。

五维交易理论，重视本体的发展。其核心因素有以下五个：

其一谓之时。时者，天时也。古语道，识时务者为俊杰。天时对于事物的成长具有至关重要的作用。比如，我们在 20 年前投身房地产行业，哪怕是从包工头做起，发展到现在，轻轻松松身价过千万不是问题。如果我们在十年前，抓住淘宝开店的时机，那么坚持至今，至少也是一个生活宽裕的个体小老板。抓住了天时，往往事半功倍。相反，如果违背了天时，则会加速失败。所以，择时至关重要。我们在进行股票的大仓位操作过程中，一定要反复地问自己几个问题：当下是不是牛市，市场的点位运行的高不高，我应该把仓位控制在多少？这些都是介入市场之前的基本判断，有了这个判断，自己进入市场博弈的道路会通畅很多。在这里，需要特别强调的是，中国的牛市，一般 7~8 年会有一个轮回，牛市到来的时候，闭着眼睛买都可以赚钱，躺在床上操作都可以翻倍。这也是绝大多数基金的运作之道，许多基金经理就是在等着这一刻的到来，哪怕在前几年亏得伤痕累累，只要不伤筋动骨，一波牛市行情，就会彻底解放，资金大幅增值，实现财务自由。行情没到来时，他们需要做的就是防止出现大面积回撤，不被清盘。

其二谓之势。势一般为事物发展表现出来的趋向。刘慈欣的小说《三体》里有一句这样的话：我要毁灭你，与你有何相干？自从外卖行业横空出世，各种可口的美食只需半小时左右就能送到手上，这时候基本就没方便面什么事了。打败康师傅的不是统一，不是今麦郎，更不是白象，不是任何一个平日里厮杀惨烈的竞争对手，而是"美团"和"饿了么"这些新兴公司，是散布在城市里的大大小小的外卖美食小作坊。诺基亚的陨落，不是因为摩托罗拉、爱立信，也不是因为黑莓，而是因为触摸屏智能手机的全面普及。柯达的破产，也不是因为其他胶卷生产商的竞争，而是人们使用智能手机之后，再也不需要胶卷摄影了。中国移动和中国联通竞争了那么多年，其通话业务却被一款 APP 秒杀。因为有了微信，人们几乎不再发短信，甚至很少打电话了。曾经市值比阿里和腾讯都高的百度，在移动互联网时代，却成了这两家公司市值的零头，是因为百度错误地估计了移动互联网对整个流量入口的颠覆性重塑。站在风口之上，猪都可以飞翔。跌落风口之下，起身便是万千困难。我们在 2007 年及 2015 年上半年随便买入一只个股，可能都会有翻倍的收益，因为在那个时候，牛市风口之势主导了一切。在其他的非牛市年份，即便大盘整体指数表现一般，但都有阶段性的风口，部分热点和题材板块相继轮动，比如 2015 年 10 月份之后的券商行情，2016 年熔断之后的煤炭与有色金属行情，2017 年的白马蓝筹股行情，2019 年上半年的 5G 行情等。所以，把握轮动规律，提前研究好风口中的概念与板块尤为重要。

其三谓之形。形是一切象的表征，是能够即刻呈现在大家眼前的事物。人类有形体，可以直观看到一个人的状况。高不高大、挺不挺拔、壮不壮实，一目了然。通过形态，我们可以对一个人的外在进行全面客观的了解，同时，通过对比一个人与周围其他人的形体，可以判断出一个人的高矮胖瘦及身体健康与否。有人可能要问，只通过外形怎么能看出一个人是否健康？其实这个问题早在中国古代就已经解决了。古代中医理论总结出来的望、闻、问、切四大诊断方法，首当其冲的便是望。望就是通过观察一个人的外在形体的诸多要素，初步判断这个人哪里存在问题，从而进行下一步的诊断。股票市场中，图形的作用无比重要。技术流派中，图形是一道生命线，是决定进退的基本依据之一。我们经常听到的，什么某只股到了什么形态，后续会有大的空间；什么股形成什么图形，后续就要规避风险等，这些都是基于形态所做的判定。无论西方的理论还是东方的理论，都把图形当成是重要的操盘依据。在本书理论中，图形的作用也举足轻重，构成了理论体系的半壁江山。图形在本书理论中，一律称之为形态技术。本书通过图形的细微变化，找寻变化背后的逻辑基础，以历史周期的反复轮回，进一步检验图形背后的主力意图，以帮助读者做到精准底部埋伏和快速高位出货。本书理论中的形态，既包括单根 K 线呈现的多空力量对比，又包括多根 K 线之间的排列组合，还包括 K 线成段的趋势测定，更包括点线成面的区间准则。

其四谓之量。量为股票买卖双方达成交易的数量，是单边的，例如，某只股票成交量为十万股，这是表示：在计算时，以买卖双方意愿达成的成交量是十万股，即：买方买进了十万股，同时卖方卖出了十万股。股市成交量反映成交数量的多少，一般可用成交股数和成交金额两项指标来衡量。量同时也是市场信心的晴雨表。如果市场参与者普遍对当前行情信心十足，那么股票的交易总量会明显增加；如果市场参与者普遍对当前的行情失去信心，那么股票的交易量则会明显降低。在一些极端情况下，会造成无量下跌，市场流动性出现危机，产生巨大的市场恐慌效应。比如，2015 年下半年的无量下跌——许多个股连续封在跌停板上，没有人接盘，导致了爆仓的频频发生；2016 年初，熔断也带来了无量跌停的惨剧；等等。其中，2016 年的熔断事件也使决策者重新审视了熔断推行的合理性，并于后来逐步取消了这项不太符合中国国情的规定。此外，围绕量的起落，价格也会随之进行摇摆。市场有许多专门研究量价关系的理论，不仅尝试揭示二者之间存在的某种联系，还试图提前获知未来的变化趋势。在我的理论中，量是重要的技术判定元素，也是推动股价前进的重要方面，但不能过于执着于量的思维定式，有时候缩量未必是坏事，因为其可能意味着市场参与者惜售，是空头运行到尾部阶段的标志；有时候放量也未必是好事，因为其可能意味着主力开始抛售，在吸引更多的散户参与，且在一个峰顶之上就会转势，因而许多人就此开启了高位站岗的漫漫长途。对待量的堆积，要放在当时的情境下做进一步的分析。

其五谓之演。演，意味着一种动态的变化。我们上文中的判定，静态居多，在掌握了天时因素、趋势因素、形态因素、量能因素后，如何针对其中的信息进行推演，是决定最终胜负的重要方面。市场的情况瞬息万变，就像一个人开车上路，即便是在知道目的地的情况下，路上也总是会出现这样或者那样的问题。股票的演化，就是解决这些突发的问题，让我们更好地做出应对。华尔街有句名言："你如果能在股市熬十年，你应该能不断赚到钱；你如果熬二十年，你的经验将非常具有借鉴价值；如果熬了三十年，那肯定是极其富有的人。"可见，只要能在股市里长久地生存下来，必然能见到未来的曙光。但是，这个过程也是极其漫长的。在这个过程中，我们首先要避免的，就是各类可以影响到成功的市场深坑，那些坑可以让人一辈子无出头之日。因此，需要进行演化推断。任何投资理论和方法，都不可能超越市场生态或者超越时空而恒久正确，需要不断地发展和完善。演化就是一个不断给股票技术分析打补丁、修漏洞的过程，是一种动态的综合判定术，能将人从技术分析或者基本分析的旋涡里，打捞上来，帮助其找到正确的方向并抽身而出。比如，我们在前期做好各类判定的基础上，得出股票的下一阶段是上涨趋势，但是，第二天的一则利空公告出现，如股票面临质押危机、董事长涉嫌违法、产品涉嫌侵权等，都会导致之前的判定出现技术失灵，这时需要演化分析所带来的技术性修订，以更好地降低操作风险。

三、理论的独特创新

（一）与混沌理论的区别

"一切事物的原始状态，都是一堆看似毫不关联的碎片，但是这种混沌状态结束后，这些无机的碎片会有机地汇集成一个整体。"混沌一词原指宇宙未形成之前的混乱状态，古希腊哲学家对于宇宙源起持混沌论，主张宇宙是由混沌之初逐渐形成现今的有条不紊的世界的。在井然有序的宇宙中，西方自然科学家经过长期的探讨，发现了众多自然界中的规律，如大家熟知的地心引力、杠杆原理及相对论等。这些自然规律都能用单一的数学公式加以描述，并可以依据公式准确地预测物体的运行轨迹。近半个世纪以来，科学家们发现许多自然现象虽然可以化为单纯的数学公式，但是其轨迹却无法加以预测。如气象学家 Edward Lorenz 发现，简单的热对流现象居然能引起令人无法想象的气象变化，产生所谓的"蝴蝶效应"。20 世纪 60 年代，美国数学家 Stephen Smale 发现某些物体的行径经过某种规则性变化之后，随后的发展并无一定的轨迹可循，呈现失序的混沌状态。混沌理论在股票中的运用是一种兼具质性思考与量化分析的方法，用以探讨技术操作系统中无法用单一的数据关系，而必须用整体、连续的数据关系才能加以解释及预测的行为。

混沌理论在股票运用中的精髓就是结果的不可预见性和过程的可推导性。如果把混沌理论运用于市场，我们可以得出的结论是市场永远按照阻力最小的路径来运行。然后，各种因素导入市场的方式和时间不同，起的作用不同，产生的结果也是千变万化的。市场在不同的阶段，有不同的主要矛盾和次要矛盾，而且主要矛盾和次要矛盾有可能还会相互转化。其实无论是期货还是股票，都只是一个载体。价格的形成除了载体的基本价值以外，还受投资者对这个载体价值的认知的影响，按照索罗斯的老师波普尔的观点，两者是不可能完全重合的，而且还可能产生巨大的差异性。除此之外，市场的中短期走势还与投资者的情绪有很大的关系。所谓情绪主要是指对利润的贪婪和对损失的恐惧。这两种情绪在市场中影响甚至左右着广大投资者的判断与操作。加上人类本身所具有的人性上的一些弱点，比如羊群效应、破窗效应等，市场的波动更加扑朔迷离、难以预测。

大体上股票市场的混沌理论遵循三个原则：一是市场能量永远会遵循阻力最小的途径；二是股票市场始终存在着通常不可见的根本结构，这个结构决定阻力最小的途径；三是始终存在而通常不可见的根本结构，不仅可以被发现，而且可以被改变。我们通过上述文字可以看出，在股票市场中，混沌理论运用范围的精确性需要进一步界定，对个股的小级别测定需要进一步打磨，对仓位管理及风控的制定还需要进一步地完善。而五维交易理论则能很好地解决小级别问题、仓位管理问题，以及严格风控问题，并能站在一个更加贴近个股现实的角度，由微观到宏观、由近处及远处、由小处及大处地解决各类问题。

（二）与道氏理论的区别

道氏理论断言，股票会随市场的趋势同向变化以反映市场的趋势和状况。其中，股票的变化表现为三种趋势：主要趋势、中期趋势及短期趋势。同时，提出了三个假设。

指数或证券每天、每星期的波动可能受到人为操作（Manipulation）的影响，次级折返走势（Secondary Reactions）也可能有限地受到这方面的影响，比如常见的调整走势，但主要趋势（Primary Trend）不会受到人为操作的影响。有人也许会说，庄家能操作证券的主要趋势。就短期而言，他如果不操作，这种适合操作的证券的内质也会受到其他人的操作；就长期而言，公司基本面的变化不断创造出适合操作证券的条件。总的来说，公司的主要趋势仍是无法被人为操作的，只是证券换了不同的机构投资者和不同的操作条件而已。市场指数会反映每一条信息。每一位对于金融事务有所了解的市场人士，他所有的希望、失望与知识，都会反映在上证指数与深证指数或其他的什么指数每天的收盘价波动中。因此，市场指数永远会适当地预期未来事件的影响。如果发生火灾、地震、战争等灾难，市场指数也会迅速地加以评估。在市场中，人们每天对诸如财经政策、扩容、领导人讲话、机构违规、创业板等层出不尽的题材不断地加以评估和判断，并不断将自己的心理因素反映到市场的决策中。因此，对大多数人来说市场总是看起来难以把握和理解。道氏理论是客观化的分析理论，要想成功利用它来协助投机或投资，需要深入研究并客观判断。当主观使用它时，就会不断犯错、不断亏损。在这里，向大家揭示一个规律：市场中 95% 的投资者运用的是主观化操作，这 95% 的投资者绝大多数属于"七赔二平一赚"中的那"七赔"人士。道氏理论经常因为"反应太迟"而受到批评，并且有时还受到那些不相信其判定的人士的讥讽（尤其是在熊市的早期）。当我们看到一段趋势走出来的时候，往往意味着我们与一段行情失之交臂。而本书介绍的五维交易理论则可以更好地根据个股的综合演变，洞悉空头和多头的进退形态，并在第一时间里做好进攻或者防守的操作。

（三）与江恩理论的区别

江恩理论认为股票、期货市场里也存在着宇宙中的自然规则，市场的价格运行趋势不是杂乱的，而是可以通过数学方法预测的。它的实质就是在看似无序的市场中建立了严格的交易秩序，可以用来发现何时价格会发生回调和将回调到什么价位。过程如下：

首先，在有限的资本上过度买卖。也就是说操作过分频繁。在市场中做短线，对操作技巧的要求是很高的，在投资者没有掌握这些操作技巧之前，过分强调做短线常会导致不小的损失。其次，投资者没有设立止损点以控制损失。很多投资者遭受巨大损失，就是因为没有设置合适的止损点，结果任其错误无限发展，损失越来越大。因此学会设置止损点以控制风险是投资者必须学会的基本功之一。还有一些投资者，甚至是一些市场老手，虽然设了止损点，但在实际操作中并不坚决执行，结果因一念之差，遭受了巨大损失。最后，缺乏市场知识。这也是一些投资者在市场买卖中遭受损失的最重要原因。一些投资者并不注重学习市场知识，而是想当然地办事或主观认为市场如何如何，不会辨别消息的真伪，结果受错误消息误导，遭受了巨大的损失。还有一些投资者仅凭一些书本上学来的知识来指导实践，不加区别的套用，造成巨大损失。江恩强调的是市场的知识，实践的经验。而这种市场的知识往往要在市场中摸爬滚打相当长的时间才会真正有所体会。

市场流行的江恩时间周期理论、江恩角度线、轮中轮等技术，最大的问题就是晦涩难懂，许多人理解和操作起来比较困难，容易偏离了方向和初衷。在江恩的理论中，"7"是一个非常重要的数字，江恩在划分市场循环周期时，经常使用"7"或"7"的倍数，他认为"7"融合了自然、天文与宗教的理念。五维交易理论则侧重于"五"这个元素，更加具有东方的历史文化元素色彩，同时努力抛开深奥难懂的数字几何知识，尽量运用大家都能听懂的语言和生活中随处可见的例子，争取每个人都能看懂并有所收获，更好地帮助广大朋友形成自己的操作体系。

（四）与波浪理论的区别

美国证券分析家拉尔夫·纳尔逊·艾略特（R. N. Elliott）利用道琼斯工业平均指数（Dow Jones Industrial Average，DJIA）作为研究工具，发现不断变化的股价结构性形态反映了自然和谐之美。根据这一发现他提出了一套相关的市场分析理论，精炼出市场的 13 种形态（Patterns）或波浪（Waves），在市场上这些形态重复出现，但是出现的时间间隔及幅度大小并不一定具有再现性。而后他又发现了这些呈结构性形态的图形可以连接起来形成同样形态的更大图形。这样提出了一系列权威性的演绎法则用来解释市场的行为，并特别强调波动原理的预测价值，这就是久负盛名的艾略特波浪理论（Elliott Wave Theory）。艾略特波浪理论是股票技术分析的一种理论，其认为市场走势不断重复一种模式，每一周期由 5 个上升浪和 3 个下跌浪组成。艾略特波浪理论将不同规模的趋势分成九大类，最长的超大循环波（Grand Supercycle）是横跨 200 年的超大型周期，而次微波（Subminuette）则只覆盖数小时之内的走势。但无论趋势的规模如何，每一周期由 8 个波浪构成这一点是不变的。这个理论的前提是：股价随主趋势而行时，依五波的顺序波动，逆主趋势而行时，则依三波的顺序波动。长波可以持续 100 年以上，次波持续的时间则相当短暂。

关于波浪理论的浪中浪，大浪有中浪，中浪有小浪，小浪还有超小浪，小浪组成大浪的情况，波浪理论家对现象的看法并不统一。每一个波浪理论家，包括艾略特本人，很多时候都会受一个问题的困扰，就是一个浪是否已经完成而开始另外一个浪了呢？有时甲看是第一浪，乙看是第二浪。差之毫厘，谬之千里。看错的后果可能十分严重。一套不能确定的理论用在风险奇高的股票市场，运作错误足以使人损失惨重。此外，怎样才算是一个完整的浪，也无明确定义。股票市场的升跌次数绝大多数不按五升三跌这个机械模式出现，但波浪理论家却曲解说有些升跌不应该计算入浪里面。有人认为数浪（Wave Count）技术是随意主观行为。波浪理论有所谓的伸展浪（Extension Waves），有时五个浪可以伸展成九个浪，但在什么时候或者在什么准则之下波浪可以伸展呢？艾略特却没有明言，因而使数浪这回事变成各自启发，自己发掘，千人千浪。波浪理论的浪中有浪，可以无限伸延，亦即是升市时可以无限上升，都是在上升浪之中，一个巨型浪，一百多年都可以。下跌浪也可以跌到无影无踪都仍然是在下跌浪。只要是升势未完就仍然是上升浪，跌势未完就仍然是下跌浪。有人质疑这样的理论有什么作用？有人则认为艾略特的波浪理论是一套主观分析工具，毫无客观准则。市场运行却是受情绪影响而并非机械运行的。因此，将波浪理论套用在变化万千的股市十分危险，出错机会较大，故而波浪理论不能运用于个股的选择上。

五维交易理论的不同之处在于解决确定性的问题，把每一根K线都进行严格定义，每一段走势都进行严格划分，每一次进出都做严格预案，同时，解决个股选股问题，做到选股有依据，买卖有依据，盈亏有依据。

（五）与缠论的区别

缠论的核心思想定义为"走势终完美"。具体操作技术是在完全分类的基础上，围绕某级别走势所采取的综合策略。包括中枢，背驰，第一、第二、第三买卖点等内容。缠论三大系统综合运用的基本流程如下：确定操作级—K线标准化—确定笔—找出操作线段—确定本级别中枢—必然性的走势所需的条件—时空平衡估略—布林各个基本和理想的支撑及目标位—估略各种可能的走势及调整的最小级别—相关经验列举—买进—判断是否持有—反方向判断是否卖出。

缠论的入门起点比较高。缠论的文字并不困难，困难的是文字背后代表的盘中走势和相关定义，没有足够的市场经验和操盘经验是学不懂的。因而，缠论的入门需要具备一定的投资经验和操盘基础：首先，需要具备相应的数学基础。在缠论的文字表述里，有很多涉及数学知识的解构论述。所有的证券市场投资都是"玩数字游戏"，缠论就揭示了这个数字游戏的基本规则。其次，需要具备很强的抽象思维能力。正如作者在"缠中说禅"所提到的，一门理论若想解释投资市场中的其他一切投资模型，就必须如初中数学中的那些公理和定理一样，是放之四海而皆准的东西！因此，不管是缠论本身，还是"缠中说禅"对缠论的阐述，都涉及很多概念、定义及因其而产生的一些推导和判断，所有这些都需要学习者在投资经验之上，配合以抽象思维能力，将"缠中说禅"的阐述与市场实际走势相结合，也只有具备这样的抽象思维能力，才能真正地将两者结合起来，去加以验证和对照。再次，需要具备能严格执行纪律的性格和行为风格。即使是再好的理论，再强的方法和技术，如果一个人不按照技术要求去执行买卖，也无济于事。与此同时，缠论学习者要很好地贯彻和执行简单的买卖要求，还需要具备良好的心态和健全的人格。投资是不简单的工作，它不仅需要处理自己与市场、自己与"对手"的关系，更为重要的是必须面对和克服自己的人性弱点，一个好大喜功、心浮气躁、自大无德、气量狭小、懦弱胆小、优柔寡断、人云亦云、理性缺失的人，必然会在操作中有所体现，而这些不好的方面，在操作上的体现大多数都是以惨败结束！最后，需要具备比较强的学习和领悟能力。任何一种知识的学习都不应该是单纯的被动接收，而应该是一个主动去征服的过程！

五维交易理论内容宏大经典，文字浅显易懂，论述由浅及深、由表及里、由现象及本质，无论是初学者还是具有一定技术基础的股民，都能在其中找到适合自己的交易方法，在字里行间看到曾经的自己和未来的自己，在学习的美好氛围下升华自身的操作系统和技术体系。五维交易理论融和了混沌理论、道氏理论、江恩理论、波浪理论的精髓，继承和发扬了缠论的形态学体系和动力学体系，博采众长，形成了符合新时代金融股票市场特点的新的交易体系，相信会对广大金融市场投资者的交易生涯起到积极而重要的作用。

第二章　平镜战法

一、平镜战法的内涵

（一）平镜形态的由来

平镜形态，在本理论中指的是一根 K 线呈现出上下两边光滑，如同镜子一般平整的状态。镜子如人生，镜子里看到的，也是真实摆在面前的。你对它微笑，它也报以你微笑；你对它哭泣，它也报以你哭泣。这种形态下，你看到的 K 线头部和尾部越平整、朝着某个方向运动的幅度越深，往往对行情的参考依据越大。平镜形态起源于中国传统文化中的太极思想。在太极思想里，一切的事物都会分阴、阳两种不同的属性，就如镜子的两面，会带来不同的变化结果。平镜形态也有属性之分，就如人类在生活中的情绪一样，有快乐的情绪和悲伤的情绪。如果情绪偏乐观，折射的是阳面镜像，我们称之为金砖线，如果情绪偏悲观，折射的是阴面镜像，我们称之为棺盖线。通过金砖和棺盖这两个词汇，我们也能较为深刻地领会到蕴含在其中的市场情绪。这对下一步的操作会起到非常重要的参考作用。

（二）平镜形态的特征

1. 见微知著

一叶知秋，一K知势，通过单个K线图的走势，掌握其中存在的奥秘。生活经验告诉我们，每当看到凋零的黄叶纷飞的时候，往往会预示着秋天的到来；每当瞥见雨露折射出宝色光芒的时候，容易感知春日的灿烂；每当看到涓涓细流缓缓流淌的时候，自然联想到大海的胸怀。我们通过对单个K线的观察，同样能以较高的准确性获悉接下来单个股票的短期走势。这就是见微知著的传统经验主义原理在股票市场上的成功运用。每当大的调整到来，总是会伴随着一些细微的现象发生。比如自然界的地震到来，会提前引发青蛙、蛇鳝之类的动物集体出穴，也会导致井水在非阴雨的天气里变得异常浑浊，这些现象的发生如果引起了人们的高度警觉，往往后面发生的灾难就不会造成太大的悲剧。但人们往往就是对自身过于自信，在微观世界出现问题的情况下依旧麻痹大意，不去进一步思考接下来可能带来的灾难，最后的结果往往是非常惨痛的。金融市场同样如此，当一只个股在微观层面出现问题时，不引起重视而依旧逆向加仓，最后的结果往往就是深套其中，自身遭受惨痛的损失。

2. 由表及里

看待问题，往往不能只看到"面子"，更要看到"里子"。就如社会发生的各类公众事件，不能因为个别现象被放大而否定整体的价值秩序。比如，我们在看各类征婚交友电视相亲节目时，不能把个别拜金主义女嘉宾的言论当成是新时代社会女性择偶的普遍现象，从而来否认当下整体未婚女性的婚恋观。也不能看到个别"碰瓷"老人现象，就否定敬老尊老助老的道德准则。同时，我们也要学会由"面子现象"合理科学地推测"里子"。晚清奇书《冰鉴》里就有一段识人"里子"的口诀：邪正看鼻梁，真假看嘴唇，功名看气概，富贵看精神，主意看指爪，风波看脚筋，若要看条理，全在语言中。一个面黄肌瘦的人，我们的第一感觉会是这个人营养不良，身体机能出了问题；一个西装革履、风尘仆仆的年轻人，我们的第一感觉会是这个人是推销银行卡的或者做安利产品直销的。因此一个事物表象往往也可以让我们知道其内在的实质。

3. 推此及彼

庄子《逍遥游》里又讲了一个故事：蝉和小斑鸠讥笑大鹏鸟说："我们奋力而飞，碰到榆树和檀树就停止，有时飞不上去，落在地上就是了。何必要飞九万里到南海去呢？"到近郊去的人，只带当天吃的三餐粮食，回来肚子还是饱饱的；到百里外的人，要用一整夜时间准备干粮；到千里外的人，要聚积三个月的粮食。蝉和小斑鸠这两只小虫鸟又知道什么呢！没有比较，就看不出狭隘，我们通过蝉和斑鸠的对话，能够清楚地知道体形几千里长的大鹏的心理志向。在我们的股票市场中，一根微小的 K 线往往也能暗示出大盘未来的方向，带来系统性的灾难，不亚于一只蝴蝶在美国西海岸震动翅膀，所引发的亚洲海啸。

4. 量能动力

战法的运用必须考虑量能动力因素，这就如一辆高级进口轿车，光有好看的流线外形还不足以完成行驶的畅途，必须要结合动力发动机，这样才能实现由内而外的双向促进，才会达至目标彼岸。动力元素选取三个维度，首先是 MACD 黄白线的呈现，我们定义为龙虎线，以龙虎伏底与龙腾虎跃的展现为宜；其次是 MACD 量柱，我们称之为火山柱、冰川柱，昭示着动力属性的强弱。最后是 VOL 呈现的量柱，我们称之为能量柱，这是推动价格走位的关键力量。后面的章节中，这些专属名词都会运用上，请大家务必要熟练掌握。

（三）平镜形态的大与小

所有形态问题都离不开幅度的大与小，后面的各项战法也是如此，为了节约篇幅，在此论述一番，后续不再赘述。何谓大，何谓中，何谓小，仁者见仁，智者见智。庄子《逍遥游》里譬喻得很好："小知不及大知，小年不及大年。奚以知其然也？朝菌不知晦朔，蟪蛄不知春秋，此小年也。楚之南有冥灵者，以五百岁为春，五百岁为秋；上古有大椿者，以八千岁为春，八千岁为秋。此大年也。而彭祖乃今以久特闻，众人匹之，不亦悲乎。"

上面的话大意是说：小智比不上大智，短命比不上长寿。怎么知道是这样的呢？朝生暮死的菌草不知道黑夜与黎明。春生夏死、夏生秋死的寒蝉，不知道一年的时光，这就是短命。楚国的南方有一种大树叫作灵龟，它把五百年当作一个春季，五百年当作一个秋季。上古时代有一种树叫作大椿，它把八千年当作一个春季，八千年当作一个秋季，这就是长寿。可是活了七百来岁的彭祖如今还因长寿而特别闻名，众人都想与他相比，岂不可悲！

笔者给股票市场单个 K 线形态波动大阳、中阳、小阳的定义以 3% 为分水岭，3% 以上谓之大阳，3% 至 1% 之间谓之中阳，1% 以下谓之小阳；阴线则刚刚相反，3% 以上为大阴，3% 到 1% 为中阴，1% 之下为小阴。为何如此定义，又为何以 3% 为分水岭？原因主要有以下三个方面：

首先是三这个数字的天然属性，三生万物可以演化成宇宙一切复杂的变数，以最简约的方式呈现出自然界的运行规则。其次是三这个数字的二维空间构建性，通过对古埃及金字塔的结构解析，得出了系列黄金数列矩阵，三这个数字是较为接近矩阵重要运行点位的数字之一。最后是三这个数字的几何丈量性。任何几何数字无非有两个结果：能被三整除和不能被三整除。这就给所有的数字安置了一个测量仪，能更好地检验相关数字的稳定性。能被三整除的数字，其所有项之和必然能被三整除，这样的数字规律让三在所有数字中有着独特的魅力。由此，我们可以在较短时间通过简单加法原理，对某个数字进行科学测量，从而完成该数字能否被三整除的结论，更加科学合理地给该数字定性。

上述这种定义，结合市场个股涨跌的规律，利用近代高等数学统计学原理，得出 A（3，2）的全排列，把所有存在的情况定义成六大类，从而给整个股票曲线图进行了一个完全的解构，任何一种情况的出现都可以对号入座找到相应的操作法则。同时，这六种情况也对应着中国传统文化所讲的六方循环。这六方不断演变，周始反复，构成了整体循环层面的基本要义。而股票市场也对应着这六种转换过程。

整个股市的涨跌周期，也遵循着中国传统文化中的轮回规律。大阳、中阳、小阳的出现再结合其他一些元素，如龙虎线、火山柱、能量柱综合合力，意味着大盘的走强。其中，在多元共振的背景下，大阳是最强的一种形式，意味着短期内买方实力强劲，后市强烈看涨；中阳是大盘较强的一种形式，意味着短期大盘向好，后市看涨的预期较大；小阳是大盘多方略强的一种形式，意味着多方在与空方较量过程中胜出，后市有望继续延续上涨的趋势。而大阴往往意味着近期走衰，对应着短期较大风险；中阴意味着卖方强势，大盘转折概率加大，近期往往继续调整；小阴则意味着空方在与多方的较量中略占上风，后市可能继续下跌。以上的判定还要结合当下的趋势作为前提，在趋势的验证下，得出的结论会更加精准。

二、金砖线

图 2-1　金砖线

（一）金砖线的由来

金砖，是一种价值衡量工具，是现实世界交换的硬通货。世俗之人都喜欢金砖，多多益善，意味着财富与自由。同时，许多人也喜欢购买金砖，并将其作为投资标的，来应对通货膨胀的风险，起到保值增值的作用。在国家的财富储备过程中，往往也是用堆积如山的金砖来抵御国际汇率风险。金砖的出现，是一种吉祥的征兆。金融股票市场里，金砖线往往出现在一段空头行情的尾端，趋势发生转换，一根明亮的金砖线，彻底终结空头阴郁多时的走势，带来向上的希望与动力，结构形态随之重建。此外，金砖线也容易出现在多头进攻的半山腰，并在此起着进一步增强信心，汇聚合力的作用，能够加速股价上涨，一举打破前期的阻力位置，解放前一阶段的套牢盘，进入多头运行的一个全新空间。

（二）金砖线的运用

金融股票市场里的金砖意味着上方无压力，道路很通透。同时，也意味着下方没有抵抗，前进很顺利。在满足动力学构建的基础上，这个形态可以看出主力前进的具体意图，一般是继续上冲，再创新高。如果伴随着跳空缺口的出现，那么很有可能是新一轮的行情启动，其意味着未来就是用木桶装钱的节奏。金砖线的种种良好表现，意味着金砖线出现的频率不是很高，如果出现了，往往会吸引场内市场参与者加仓与场外市场观望者进场，所以市场上也有"金砖改三观"的说法。

（三）金砖线的操作依据

金砖线的操盘口诀如下：一砖开安泰，头脚无阻碍，堆量再破三，行情可期待。具体的口诀含义为：如果一根金砖线出现，终结了前面几根较弱线态的走势，同时金砖线的上方和下方没有太多的压力，表现为非常光滑的头部和底部的状态，那么这就是头脚无阻碍的最好形态，在量能的持续推动下，当天的点位共振达到并打破压力点位，则该股票未来的行情是非常值得肯定和期待的。这个口诀心法唯一忌讳的就是量能推动的不足，压力的点位没有被击破，也就是庄家故布疑阵的圈套，无量推动涨幅往往就是主力的陷阱，这种情况下，金砖线的涨幅往往不超过百分之一，应适当规避风险并等待合适时机。

（四）金砖线案例

1. 金砖线（大幅）：贵州茅台 600519

2016 年 12 月 6 日，贵州茅台 600519 符合定义中的构造，从最低 316 元逐步攀升，半年后达到 487 元，价格上扬了 54%，完成了金砖线构造下的顺利上攻（见图 2-2）。

图 2-2

其一，从空间形态看，贵州茅台收出大幅金砖线，单日放量涨幅超过 3%，属于涨幅巨大的金砖线形态。

其二，从天时看，该公司当前处于绝对的行业龙头地位，生产的产品具有绝对的竞争力，未来的潜力无限。

其三，从势头看，当前处于冬季白酒品类的消费旺季，符合市场实际情况，具有一定的历史周期性。

其四，从动力形态看，MACD 黄白二线龙腾虎跃形态构建明显，能量柱堆积上升，火山柱爆发在即。

其五，从演化发展看，股本结构中，股东数量逐步减少。股票价格通常与股东人数成反比，股东人数越少代表筹码越集中，股价越有可能上涨；同理，股东越多，证明筹码越分散，股价越容易下跌。

2. 金砖线（中幅）：中核钛白 002145

2017 年 6 月 7 日，中核钛白 002145 收出中幅金砖线，股价从 5.56 元，经过了一个月左右时间，运行到 7.11 元，涨幅 28%（见图 2-3）。

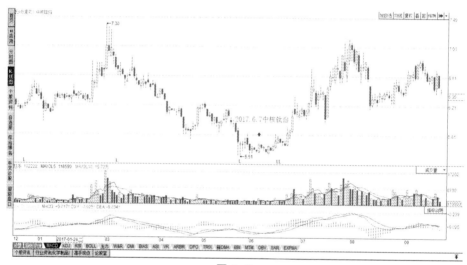

图 2-3

其一，从空间形态看，这只个股呈现金砖线构造，且涨幅在 1% 到 3% 之间，属于中等幅度金砖形态。

其二，从天时看，该股票涉及脱硫硝酸、钛白粉概念，其中，第二季度，受国际周期性行业回暖的影响，钛白粉行业整体有了一波涨价热潮。

其三，从势头看，在 2017 年 6 月份总体大盘的运行过程中，中字头股票具有一波阶段性行情。这只个股属于中字头个股，处于 5.51 元构筑的短期底部形态。

其四，从动力形态看，龙虎线、火山柱、能量柱发展态势良好，有力地支撑了形态层面的上行与突破。

其五，从演化发展看，该公司主营钛白粉产品的生产、销售及服务，具备自营进出口权。公司的运营情况总体良好，销售毛利率、利润增长率都有不错的表现。

3. 金砖线（小幅）：维科精华 600152

2017 年 6 月 5 日，维科精华 600152 收出小幅金砖线形态，价格从最低 8.82 元，经过一个月左右的上涨，最高摸到 10.25 元，增长幅度达到了 16%（见图 2-4）。

图 2-4

其一，从空间形态看，这只个股呈现金砖线构造，且涨幅在 1% 以内，属于较小幅度金砖线形态，后市还有空间。

其二，从天时看，该公司具有较好的出口基础，且赶上了国外纺织业工厂转移的好时机，其 70% 以上的产品直接出口销往日本、美国、欧洲和中国香港等发达国家和地区，是中国家纺出口的最大企业之一。

其三，从势头看，该企业身兼石墨烯和锂电池两大题材，这两大题材是长盛不衰的炒作主题，其中石墨烯板块还诞生了当年上半年第一牛股——方大炭素（600516）。

其四，从动力形态看，龙虎线态势良好，能量柱节节堆高，支撑了后市的区间运行轨道。

其五，从演化发展看，该股票上个季度的财务情况同比有所改善，净利润、增长率情况有所回升，企业销售毛利率有所提高，负债率降低。

三、棺盖线

图 2-5　棺盖线

（一）棺盖的由来

棺盖是一种木质容器的密封板，通常外形呈现出长条状，表面看上去光滑平整，但是即便刷上了层层的油漆，用上了足足的防腐剂，在实际使用中，耐用性和防水性都不高，很容易被腐蚀，这注定了棺盖里躺着的人最后的结局，尘化而归于大地。无论是生前的光辉和荣耀，还是死后后世子孙的歌功颂德，不过是试图抵挡时间之轮的可笑玩具，最后都会被岁月的年轮碾压粉碎。在人类社会里，我们看到这个词语就想到了阴暗和恐惧，也想到了毁灭与死亡，这说明了该事物具有不祥的意味，散发着浓浓的戾气。这也说明了中国造字者的伟大，词汇不仅包含了万象图腾，也凝聚了人们的感情色彩。

（二）棺盖线的运用

棺盖具有鲜明的衰败导向性。当市场行情演变，个股呈现为棺盖线时，一片光头景象，意味着自身不反抗，任随重心回落，接受命运的下沉和灵魂的拷问；一片光脚景象，意味着放弃支撑，趋势仍旧会往下，破罐子破摔的氛围浓烈；光头光脚同时出现，意味着凶相毕露、杀气腾腾，未来的行情可能面临着较大的风险。一波大的调整往往会迅速到来，多空运行的美好赚钱场景可能不复存在，万千股民心中的噩梦也由此展开。

（三）棺盖线的操作依据

棺盖线依据象形会意的逻辑出现，由生活中的景观提炼。其操盘口诀为：大阴棺盖板，趋势要逆转，再有利空出，财富不复返。口诀的含义为：在动力衰竭的背景下，当天如果出现了较大幅度的光头光脚棺盖阴线，往往意味着近期的趋势要发生逆转，由盛转衰将快速到来，如果不能及时的甄别并抽身脱离，则很可能财富一去不复返。这种情况要注意的情形，就是要科学识别主力"假摔"情况，这种假摔的标志就是无量棺盖线，其往往只是上升中的一次洗盘，而有杀伤力的棺盖线，必须是带量的。这里的核心的判断要领，就是要看当前的棺盖线，能否击破前面 K 线的低点，带动趋势探寻更低的支撑，如果满足再创新低，则就是一个货真价实的棺盖线运行模型，如果不满足，则是一种次级别形态的主力恐吓、打压行为。

（四）棺盖线具体案例

1. 棺盖线（大幅）：路通视信 300555

2017 年 3 月 17 日，路通视信 300555 经过 20 个交易日，从最高 24.72 元跌至 16.98 元，跌幅达到 45%（见图 2-6）。

其一，从空间形态看，该股当天跌幅为 4.58%，属于波动幅度巨大的棺盖线幅度范围，来势汹汹，煞气逼人。

其二，从天时看，该季度十大流通股东中，个人投资者占据了绝对优势的地位，机构持有量较少，持股的分散以及散户的不理智行为，不

图 2-6

利于主力集中拉升。

其三，从势头看，国内市场竞争激烈。该公司是一家专业从事有线宽带网络传输系统及相关产品开发和生产的民营高科技企业，该公司主要产品EOC局端、EOC终端、网管软件、网管应答器等，经受较大的市场同质化产品冲击。

其四，从动力形态看，龙虎线钝化，量能柱、火山柱萎缩，后劲明显不足，趋势风向运行转变。

其五，从演化发展看，对比上个财务季度报表，净利润下滑严重，从增长 4.21% 下滑到负增长 11.24%，业务前景遭受了一定的冲击。

2. 棺盖线（中幅）：迅游科技 300467

2016 年 11 月 23 日，迅游科技 300467 跌幅 1.86%，股价从最高 54.55 元经过了三个月左右的调整，最低跌至 31.09 元，跌幅达到 75%（见图 2-7）。

其一，从空间形态看，跌幅在 1% 到 3% 的空间内，属于较大幅度盖棺线形态构造。

图 2-7

其二，从天时看，公司当前处在整体行业发展的开拓期，主营业务是向网游玩家提供云加速服务，面临国家对网游政策的收紧，其市场扩展受到影响。

其三，从势头看，对比上季度，主力持仓有所减少，证明市场行情有所衰减，整体人气效应有待进一步提升。

其四，从动力形态看，龙虎落平阳，火山柱、量能柱式微，上行的风向遇到阻力，前进的方向转变。

其五，从演化发展看，公司上个季度的利润增长率、营业收入增长率等都处于不太理想的状态，影响了价值投资者的内心选择。

3. 棺盖线（小幅）：恒泰实达 300513

2016 年 9 月 23 日，恒泰实达 300513 跌幅为 0.95%，股价从最高 60.99 元，经过半年多的下跌，最低探到 25.48 元，跌幅为 58%（见图 2-8）。

其一，从空间形态看，该股票光头光脚，跌幅在 1% 以内，波动幅度属于小棺盖线形态构造。

其二，从天时看，同质化企业较多，该公司在智能控制室集成服务、

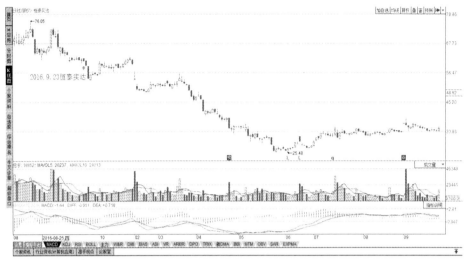

图 2-8

电力行业、方案设计、系统集成、产品研发、多媒体创意及 IT 服务综合业务等方面受到市场冲击。

其三，从势头看，该股票十大流通股东中，自然人占据了九席，占据了 90% 的权重位置，主力的操盘意图不明显，说明流通股本比较松散，不利于股票的后续拉升和爆发。

其四，从动力形态看，龙虎线掉落深渊，火山柱、量能柱渐进缩短，做空动能进一步强化，后市的下跌幅度加大。

其五，从演化发展看，该时期净利润、净资产收益率、资产现金流情况未达到预期，整体的市场拓展还有较大的提升空间。

四、战 法 总 结

本章通过传统的象形、会意文化，借助 K 线阴阳属性与大小比例预测未来行情的走向，具有普遍的指导意义。目前，西方所有的技术体系都来源于东方古老的蜡烛图技术，而该技术的本源正是我国传统古典文化。笔者通过对中西技术流派的优劣鉴别，结合十多年来的市场实战经验，打造了本理论分层分类归纳体系，这与缠论、波浪理论等流派的技术有共同点，但更加具有操作性。

我们在选取五种主要元素的情况下，学有余力，也可以了解下五维交易理论全方位因素排列规则。笔者结合中国传统的 22 节气方式，排列了以下元素，供大家参考。

形（空间形态）、势（趋势运行）、量（量能情况）、价（公司质地）、时（时间周期）、诉（无诉无争）、热（热点题材）、位（行业地位）、创（技术革命）、潜（朝阳产业）、政（政策扶持）、融（兼并重组）、灾（突发灾难）、性（活跃波动）、魅（股东能力）、主（股本结构）、需（周期需求）、动（传递联动）、吉（无敏感日），财（业绩报告）、合（全球市场）、体（盘面大小）。

综合考虑这些影响因素，对单只个股未来走势的判定会起到非常有效的作用。这些因素都是推动股票运行的必要条件，其中相关元素之间既互相独立，又互相联系，形成了有机统一的均衡状态，选取其中五个主要考量因素，基本上就可以窥见一只股票当下与未来的运行轨迹，达到我们想要的技术操作效果。这在统计学原理中，叫作五级量表计量法。

回归到本章的事例中来，在动力形态确定的背景下，遇到金砖线的情况，尤其是形态较大的金砖线，已有仓位就可以乘胜追击，适当加仓；如果遇到大棺盖线等情况，就要有壮士断腕的决心，果断离场，及时止损，这需要我们具有一颗正念正觉的心。同时，万事万物都有一个相对的适用性，我们在具体运用的过程中，还要注意吸纳五个因素的共振，达到多元精准判断。然而，对其中一些特殊例外情况，也要注意甄别判断。具体地，须考虑到以下几个方面：

（1）大趋势运行的情况。如果当下市场处在牛市，各种指标都昂首向上，一次大的洗盘出现了棺盖线，这种情况就不能太盲目的出局，还要看相关个股是否出现了重大政策和消息面的利空，以及量能放大的情况，如果没有的话，可以继续耐心持有，把止损价格打低一线。牛市的操作，最赚钱的方式就是持股不动，坐在牛背上尽享无限风景，到达终点后，收获丰厚利润。如果根据五个维度的判断，出现了公司涉法涉诉、重大生产故障、高层变动意外、业绩严重滑坡等情况，那就要考虑该标的未来演变的可持续性，果断调仓出局或者降低持有仓位，这就是进退有度的最佳选择。

（2）前一根K线的运行情况。很多时候，一根K线的出现与前一根K线有着紧密的联系，在进行具体操作的时候要充分考虑前一个根K线的走法。比如前一根K线呈现大金砖，而本根K线是小棺盖，那么大金砖可以克服化解掉小棺盖，起到化险为夷的作用，此种情况下，仍然可以继续持有；如果前根K线呈现小金砖，后根K线是大棺盖，那么大棺盖可能会装下小金砖，此种情况下，就要考虑暂时离场的问题。

（3）时间节点情况。如果某只个股突然急跌，呈现大棺盖线状态，在没有重大利空的情况下，我们急跌不抛，看高一线，以判断是否是骗线洗盘的情况，很多时候，这是庄家主力的圈套，不久，分时图回拉起来，那么我们仍然可以持有不动，躲避主力洗盘或者意外黑天鹅引发恐慌的非理性抛盘操作。如果是国内、国际发生了重大贸易变故，或者国内政策环境发生了变化，带来了棺盖线杀跌，那么一定要第一时间离场，如果第一时间没来得及，就要趁急跌回拉弱反弹的档口完成离场行为。

第三章 上影战法

一、上影线的内涵与外延

（一）上影的历史内涵

上影谐音"上瘾"，是一种具有精神诱惑的金融市场股票形态。现实中，引起上瘾的东西很多，比如一群朋友玩电子游戏上瘾，热爱全世界旅行上瘾，交各种不同异性朋友上瘾等。"上瘾"这个词汇的属性偏阴，略带贬义，不是那么的阳光和正能量。但不一定全部都是不好的情况，有些事物的上瘾恰恰是最好的提升自我的途径。比如一个搞办公室行政工作的人写作上瘾，一个搞影视表演的人拍戏上瘾，一个走网红路线的主播直播上瘾等。所以，我们应该全面地看待这种现象，力求找到其背后的出发点并了解其最终的追求。同时，上瘾谐音"商隐"，不禁让人想到了唐代大诗人李商隐，空有一身抱负，却一生郁郁不得志，夹在"牛李党争"之间，留下大量流传千古的名篇，仕途的困阻反而成就了他诗歌方面的辉煌，李商隐的得与失，真正的快乐或者悲伤，只有他本人最为清楚，故此，上影的得与失，只有金融市场的参与者感受得最为深刻。一切的技术图形和走势，都能在历史的缩影中找到例子，技术流派的基本逻辑之一便是：历史可以重演。我们在做金融股票市场决策的时候，多读历史、认真反思、以史为鉴，可以更好地指导我们的实际操作。

（二）上影的属性特征

上影的字面意思是上面有阴影。一切事物，当你觉得上面有阴影的时候，往往直觉已经给了你一个最好的答案。眼睛是心灵的窗户，有着独特的选择性偏好。眼睛偏向于寻求光明，会在潜意识里拒绝黑暗和阴影。上影出现在上方，本来是一段通向更高层级的路，却被抹上了阴影，意味着前进路上有绊脚石，而且是处于冲高半空中发生的事情，其往往危害更大。这就如一架航行在高空的飞机，如果中途出了故障，带来的结果往往非常惨痛。当然，这架飞机也可以平稳着落，让过程有惊无险，这都要取决于驾驭飞机的人，也就是我们通常所说的市场主力，主力的意图成了上影线最终态势运行的关键，能在不利形态下爆发力量的主力，往往也就成了妖股背后的推动力量。上影在其他理论中，大多是不祥之兆，在波浪理论里，是构成调整浪的重要幕后黑手，在缠论里是构成顶分形态带来下降一笔的元凶之一。

（三）上影的市场内涵

上影往往是当前个股运行到一定高度，无心突破，从而产生的高空掉落的现象。国学经典里曾提到："水满则盈，盈不可久也。"意思为一条河流到了盛满雨水的时候，就是最充盈的状态，但这种充盈的状态也只能是昙花一现，根本不能持久。因为物极必反，事物发展到了尽头，必将走向自己的反面。上影产生之前，股价曾经攀登过当日高点，而且往往是以短期爆发的形式，但往往也就那么几秒钟，价格便急剧转下。之前的美好上冲假象会带来一批跟风盘，最后的结果就是谁跟风，谁没有禁得住假突破的诱惑，谁就被套牢在半空中，谁当天的经济损失就会很严重。这也验证了时下流行的一句话：帅不过三秒，原形毕露。以上对上影中主力诱多的描述，再贴切不过。同时，对于一些狡猾的主力，往往也是利用上影的抬升属性来进行压力位测试，检验市场的跟风盘。如果跟风盘多，上影线下方的实体面积就会变大，意味着单只个股的人气较为旺盛；如果下方的实体面积很窄，则意味着个股市场活跃度不够，未来的拉升还需要慎重，市场有待于进一步的洗盘。

二、上影的理论特征

（一）虚实结合

何谓虚，何谓实？这是个令人深思的哲学问题。在世界上，可以用眼睛看到的，无疑是存在的，看得到的物体是实物，看到了的事情却并不一定是事实。人们常说"眼见为实"。然而"实"要建立在理论基础之上，没有理论支撑的所谓事实，我们通常称之为伪科学，但这种事实又可以说是一种虚，是一种根本上的虚——理论之虚。比如"男人靠得住、猪都会爬树"，但哪天真看到一个猪在爬树，那就是真实的奇迹。实，这样一个字太广泛了，从它的组词上来看，常见的有：实在，诚实，实质，实力，实际，等等（当然排除那种曲意的词，比如有个人名字就叫王子，但他是不是王子还真不好说，也许在他妈妈的世界里，他就是唯一真实存在的小王子）。关于"实"所衍生出词语的定义，给人一种暴露的真，真也就是实。人们常说的"来点实在的"，就是要把自己的真暴露出来，当然这种真是说话者定义的真（比如说话者认为给医生塞钱做红包算是最实在的，却践踏了医生的职业道德和行业法纪）。所以，实者，就是让人一眼就看到本质，没有虚来掩盖，把底蕴暴露出来。那么生活中有哪些实呢？看到的实物是实，那看不到的物体是不是实？比如空气？我觉得空气一定是种实，因为它是一种物质，里面含有多种元素。而人们做出的事是事实，但人们说出的话却未必是实话，但重复多了也就成了事实，因而有了"众口铄金，积销毁骨"的说法。我们这里的虚实指的是上影的影线和实体部分，其中影线为虚，实体为实，两者要进行充分的结合。

（二）上下结合

上与下是一种空间概念，有着较为严格的区别。如果没有合理的区分好，就会变成"上下相连"，形成了一个"卡"字，意味位阶的颠倒，带来不上不下卡住了的尴尬状态。在计算机科学领域，有一个优先级较低的任务 L，它需要用到资源 R；有一个优先级较高的任务 H，它也需要用到资源 R。那么，正常的来说，当 L 在运行且使用到了资源 R 的时候，想要启动 H，就需要等待 L 释放 R。这时候低级优先任务对其影响程度很小，因为它将很快消耗掉高级与低级优先任务共享的资源。但如果这时候插入一个中等优先级的任务 M，问题就产生了，在 L 占用资源 R 运行的时候，H 启动，在等待 L 释放 R 的时候，任务 M 进来，这时候，L 将会挂起，且不会释放资源 R。这样 M 会一直运行到结束，M 结束后，L 才能释放 R，这时候 H 才可以运行。在这个顺序中，一个中等优先级的任务跑在一个高优先级的任务之前，产生了位阶倒置。上下位置出了问题，计算机程序不能运行。若上影 K 线不能很好地结合位阶，也容易出现误判的情况，因而我们要全面、系统、理性地看待图形的上下结构。

（三）阴阳结合

传统中医理论说过："阴阳者，天地之道也，万物之纲纪，变化之父母，生杀之本始，神明之府也，治病必求于本。"一部《黄帝内经》，洋洋十几万言，其实说的就是阴阳。国学语境里，人的一生离不开生、老、病、死，典籍里对其亦有详尽的解释。生是什么？生就是阴与阳这两种能量在身体内聚合，获得了暂时的统一。老是什么？老是阴阳在体内不断变化、衰减。病是什么？病是阴阳这两种能量在身体内出现了失调。死是什么？死是阴阳这个统一体的瓦解。生命是什么？生命就是阴阳这两种相互矛盾的能量所构成的一个平衡体，在这个平衡体中，正极为阳，负极为阴，阴阳平衡才有了人，故又说"生之本，本于阴阳"。人生天地间，天在上为阳，地在下为阴，人在中间追求的则是阴阳平衡。所以，生命是一种不上不下、阴阳平衡的状态，如果这种平衡状态被彻底打破了，生命也就结束了。生命结束之后是个什么状态呢？就是阴阳分离了。股市同样如此，阴阳的平衡被打破了，往往很多问题也会随之出现。一味地长阳容易诱发散户追高被套；一味地长阴也会诱发散户提前抄底而被围困，而这些追高与抄底被套的资金，在阴阳K线图中就呈现出影线的构造。

三、木桶线

图 3-1 木桶线

（一）木桶线的由来

木桶是用木材加工成的圆桶状的容器，广泛用于人类日常生活当中。按用途分为许多种类：用于挑水的是水桶，用于装油漆的是油桶，用于工地装沙石混凝土材料的是灰桶。有位木匠砍了一棵树，把它做了三个木桶。其中，一个装粪，就叫粪桶，众人躲着；一个装水，就叫水桶，众人用着；一个装酒，就叫酒桶，众人品着！桶是一样的，因装的东西不同命运也就不同。同样是好吃懒动的动物——熊猫和野猪，因为外衣的不同，一个被人宠，一个被人捅。股票市场亦如此，市场参与者有什么样的观念就有什么样的习惯，有什么样的习惯就有什么样的操作，有什么样的操作就有什么样的结局！呈现出上影加实体阳线的形态，就是木桶线构造，虽然在上方拉高受到了阻碍，但在身下实体阳线的支撑下，停歇不久便又能重新起飞，甚至飞得更高，这种形态意味着后市看多。

（二）木桶线的运用

木桶在金融界有一个大名鼎鼎的定律叫"木桶定律"，定律讲的是一只木桶能装多少水取决于它最短的那块木板。一只木桶想盛满水，必须每块木板都一样平齐且无破损，如果这只桶的木板中有一块不齐或者某块木板下面有破洞，这只桶就无法盛满水。一只木桶能盛多少水，并不取决于最长的那块木板，而是取决于最短的那块木板。这也可称为短板效应。任何一个组织，可能面临的一个共同问题，即构成组织的各个部分往往是优劣不齐的，而劣势部分往往决定整个组织的水平。因此，我们每个市场参与者都应思考一下自己的"短板"，并尽早补足它。一只呈现木桶形态的个股，最后的运行方向，取决于木桶整个构造的实体容积幅度空间。

（三）木桶线的操作依据

木桶线的操盘口诀：一桶飘摇现九尘，短板补齐更绝伦，若无云空惊天雨，自此浮亏是路人。该要诀的含义为：一个阳刚属性的木桶线出现在市场中，如果实体层面的 K 线很饱满，补足了形态的短板，呈现出较大幅度的增长，且没有出现上方较长的影线去超越实体的长度，基本上该形态就是赚钱的形态，浮亏与自己再也不会有交集。这种情况也说明，我们界定木桶线威力的关键在于识别上方影线的长短与木桶自身实体部分的大小。同时，在形态的基础上，进一步去观测动能的变化，做到量价同步一致，方可从容操作，否则，往往容易因操之过急而进入主力的圈套。

（四）木桶线的案例

1. 木桶线（大）：新疆天业 600075

2017 年 6 月 5 日新疆天业 600075 涨幅 4.04%，经过 35 个交易日，股价从最低 8.22 元上升到 11.10 元，上升幅度达到 35%（见图 3-2）。

图 3-2

其一，从空间形态看，单日形态呈现木桶线状态，涨幅超过 3%，属于幅度巨大的木桶线构造。

其二，从天时看，公司拥有外贸自营进出口权，拥有国家认定的企业技术中心、国家节水灌溉工程技术研究中心和博士后科研工作站，行业发展符合当下社会需求增长周期。

其三，从势头看，主力上个季度，各路公募私募基金纷纷加仓，总体机构资金流入量较为可观，推动价值上涨。

其四，从动力形态看，龙虎二线走势强劲，龙腾虎跃趋势明显，火山柱、能量柱长度伸展，趋势推动强劲。

其五，从演化发展看，上个季度扣非净利润增长较快，销售毛利、每股净资产都有不同程度的提升，市场前景明朗。

2. 木桶线（中）：中国医药 600056

2017 年 2 月 20 日，中国医药 600056 涨幅为 1.99%，经过四个多月的时间沉淀，股价从 20.05 元上扬至 26.23 元，涨幅达到 31%（见图 3-3）。

图 3-3

其一，从空间形态来看，该股呈现木桶形态，涨幅区间在 1% 到 3% 之间，属于较大的木桶线构造。

其二，从天时看，公司下属子公司开发了医药领域新产品，能很好地改善市场当下的状况，具有较为光明的应用前景，可推动母公司实现利润增长。

其三，从势头看，该公司主要从事医疗器械经营活动，承办国际金融组织贷款项下的国际招标采购业务等，具有较为多元的经营业务，发展潜力和空间值得期待。

其四，从动力形态看，龙虎线交错，升腾往上，火山柱、能量柱显著增长，后市爆发力充足。

其五，从演化发展看，近期净利润增长率、营业总收入都有较大幅度的增长，整体业绩表现非常亮眼，未来市场行情有望继续延展。

3. 木桶线（小）：建发股份600153

2017年1月26日，建发股份600153涨幅为0.89%，经过两个月左右的缓慢推进，股票价格从10.12元上升为12.06元，增长幅度为20%左右（见图3-4）。

图 3-4

其一，从空间形态看，构建了木桶的形态，在1%以下的涨幅区间，构建了较小幅度的木桶线。

其二，从天时看，股本结构上有中央证金公司、社保基金等国字头机构进驻，机构仓位不断增高，市场具有进一步上升的潜力和空间。

其三，从势头看，公司与七十多个国家和地区建立了贸易往来关系，打造出了一个既为自身贸易服务，又具有社会公共服务能力的物流体系，助推业务增长。

其四，从动力形态看，龙虎线形态明显，火山柱、能量柱逐步升高，趋势确立良好。

其五，从发展演变看，该股上个季度的财务指标同比有了较大改观。营业总收入、净利润等增长幅度较为喜人。

四、水 瓶 线

图 3-5　水瓶线

（一）水瓶线的由来

水瓶是一种盛水的工具，日常居家生活，处处离不开它。水瓶的心一般是空的，是为了更好地去承载其他外在的东西。这也注定了水瓶本身的脆弱性。我们一生会打破很多水瓶，无论是有意还是无意，但水瓶总是不会消亡，几十年如一日，保持着类似的形状，承担着类似的功能。水瓶也广泛运用于西方的星座学理论，水瓶座的人，不愿意接受情感上的丝毫束缚，时而异想天开，幽默过人，时而又冷若冰霜，令人费解，常常是一个不易相处的人。水瓶座的人内心很矛盾，因而其事业之路会比较坎坷。水瓶线也是这样，具备着现实中水瓶的外形，但却是矛盾着的一种心态，主力欲突破，却又不敢冒进，继而带动重心下移。

（二）水瓶线的运用

水瓶线伴随着阴线实体加上影的形式出现，意味着多头想过求进步，也曾在上方进行过试探，然而，由于各种原因的叠加，信心逐步丧失，上攻推动力量不足，空中自然跌落。这就像一个人初学游泳，刚看到水时很兴奋，跃跃欲试，等到真去尝试的时候，才发现并不是自己想象的那么简单，里面涉及的因素太多了，而水里也并非眼中看到的那么平静。在此种情况下，唯一要做的就是尽快抽身上岸，否则可能会带来巨大的人身风险。在金融股票市场，这种形态往往出现在一波拉升行情的末端，盘面已经被丧失理性的散户充分推高，处在山顶上的位置，很多没来得及参与的新股民看到连续的冲高，加快了开户的步伐，恨不得插翅赶上拉升的节奏，但往往当他们赶赴战场，就有个巨大的天坑等着他们，主力略一冲高后，就会立刻撤离，剩下的是来不及逃出，还沉浸在赚钱美梦中的普通股民，表现在图形上就是一个上下结构清晰的水瓶线。诱惑散户高位接飞刀，是主力运用水瓶线收割的惯用伎俩。当然，此种情况下，我们也要适当兼顾主力的放量情况，如果主力惜售，放量明显不足，那也有可能成为主力洗盘的工具。

（三）水瓶线的操作依据

水瓶线的操盘口诀为：阴风阵阵现雾霾，市场暗淡无光彩，此情此景先观望，待到云开再复来。含义是：如果市场处在狂热的时期，大街小巷都在谈论股票，连保洁阿姨、保安大叔都不淡定的情况下，就要注意风险的规避。往往这个时候介入，就是接飞刀的操作，当主力第二天拉升一波的时候，会迅速打压，空中坠落的悲剧就要发生，一个上体狭长的水瓶线就会出现。另一种情况也比较常见，就是当市场一直处在一个小区间波动的状态，人气低迷，成交疲弱，消息平淡，股票趋势没有明显的好转，如果出现了一根大的水瓶线，那么我们第一要务就是做好安全防护，及时进行止损操作，避免加速下探带来损失扩大的恶果，等到趋势明朗的时候，再择机介入。那么是不是出现了水瓶线就只能卖出？答案是否定的。如果趋势根本性方向没有发生破坏，量能不足以配合重心下移，往往就是主力局部调整，那么仍然可以正向持仓坚守。

（四）水瓶线的案例

1. 水瓶线（大幅）：S 佳通 600182

2016 年 11 月 30 日，S 佳通 600182 下跌 5.05%，股票价格从 39.80 元经过 35 个交易日跌至 24.95 元，下跌幅度为 37%（见图 3-6）。

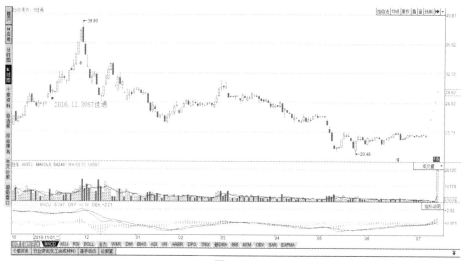

图 3-6

其一，从空间形态看，该股呈现水瓶线，波动区间超过 3%，属于下跌幅度巨大的水瓶线形态结构。

其二，从天时看，股本结构上股东构成较为分散。前十大流通股东都为个人，机构没有进驻，持股较为分散，市场人气没能得到进一步的凝聚。

其三，从势头看，公司生产销售轮胎、轮胎原辅材料、橡胶工业专用设备，产品领域较为传统，非当季热点。

其四，从动力形态看，龙虎线高位钝化，火山柱、能量柱不断弱化。

其五，从演化发展看，财务业绩上季度表现不理想，净利润同比增长值、营业总收入同比增长值等呈现出负增长。

2. 水瓶线（中）：梦舟股份 600255

2017 年 3 月 7 日，梦舟股份 600255 跌幅达到 1.41%，经过 16 个交易日，价格从 5.06 元跌到 3.53 元，下跌幅度达到 30%（见图 3-7）。

图 3-7

其一，从空间形态看，该股票收出中幅水瓶线，波动区间在 1% 到 3% 之间，属于幅度较大的水瓶线形态。

其二，从天时看，上个季度，公司涉及与其他公司之间的业务纠纷，造成短期利空。

其三，从势头看，公司属于传统行业，是一家主营铜工业及贵金属材料的公司，铜带、铜杆、电线电缆等主要产品，市场竞争较为激烈。

其四，从动力形态看，龙虎线高位回落，火山柱、量能柱同频减弱。

其五，从演变发展看，业绩对比上一个季度，财务情况出现了一定程度的滑坡，净利润和增长率都有不同程度的下降。

3. 水瓶线（小）：国中水务 600187

2017 年 4 月 20 日，国中水务 600187 跌幅 0.67%，经过三个多月的下行，从 6.20 元跌至 4.41 元，跌幅达到 29%（见图 3-8）。

图 3-8

其一，从空间形态看，呈现水瓶线形态，波动区间为 1% 以下，属于幅度较小的水瓶线形态构建。

其二，从天时看，股本结构层面，股东人数不断增长。一般而言，股东人数的变化和股价的变化呈反比，不利于主力集中拉升。

其三，从势头看，公司行业涉及污水处理、自来水厂。上个季度国内水务工程、污水处理、技术服务、运营服务及工程服务等表现不活跃。

其四，从动力形态看，龙虎线双向齐下，火山柱、能量柱依次缩减，导致后市推动力不足。

其五，从演化发展看，上个季度公司财务表现一般，其中每股收益、营业收入、净利润都有一定程度的下降。

五、战法总结

上影战法有实有虚，影线为虚，下方为实，在动力形态配合的背景下，当影线的长度超越下方实体的长度，往往代表着虚占据了实，容易造成后市的疲弱不振；如果下方实体同样呈现阴性状态，那么影线和阴性的实体搭配就构建了较为凌厉的空杀形态，下行威力往往不容小觑。

（1）总体看，该战法形态意味着上方遭遇了打击，是主力诱高砸盘或是主力拉升试盘，两种不同情况对应着不同的实体部分的阴阳性质，这需要我们结合具体动力形态情况去带入分析，无论是哪种情况，实体阳性属性占据的越多则越利于后市行情的发挥，实体阴性属性占据的越多，则后市行情越发危险。具体来说，我们的木桶线、水瓶线的构造，实体的面积大小，带动自身属性定性的增强，是助推同方向或者反方向运动的重要动力源泉。

（2）该战法的实施最好结合前一根 K 线来比较判断，如果前一根 K 线收大阴、大阳，则缓冲一线，按照前一根 K 线较为强烈的属性来标定方向，未来运行可能被前一根强烈属性的 K 线继续引导，当下的形态可能被包含吸收。

（3）如果战法中的形态跟前一根 K 线的形态性质趋于一致，则进一步加强了当下 K 线趋势的运行力度，在操作上就要更加坚定果断。

（4）如果连续三根 K 线的属性一致，则可以抱团形成合力，该属性的威力就会发挥到极致。其中，如果是三根 K 线形态皆为阴状，则需果断逃离出局。这里需要注意的是，阴性状态是实质的下跌阴线，不包括假阴实阳的状况。

第四章 下影战法

一、战法的背景

（一）下影的内涵

下影，是一种自我隐藏，低调的形态，往往主力借此隐藏真实意图，最后实现了操盘目标。当自己还没有足够的实力去展现自我的时候，一定要学会自我保护，避免成为"出头鸟"，被别人一击毙命。在这个过程中，君子不可不弘其毅，当全力以赴奋进不已。原因是只有全力以赴奋进不已才能更好地利用潜伏的时间，与机遇赛跑，创造功绩、成就辉煌。故君子当出潜离隐，修炼完毕再过渡到现实的生活中来，这就需要我们在开展工作之前要做好学习准备，提升自己的理论素养和思维格局。这也叫自我打磨，当还没成为真正的人物的时候，不妨低调做个普通人，保存好自己的实力，在现实生活中蓄积能量，等待时机。

在这里举两个历史上的例子。韩信还没有出道之前，淮阴有一个年轻的屠夫，他挑衅韩信，说道："你的个子比我高大，又喜欢带剑，但内心却是很懦弱的啊。"并当众侮辱他说："假如你不怕死，那就刺死我；不然，就从我的胯下爬过去。"韩信注视他一会，俯下身子从对方的胯下爬过去。集市上的人都讥笑他，以为韩信的胆子真的很小。然而，韩信并不是胆怯，而是能睿智看清局面。韩信富贵之后，找到那个屠夫，屠夫很是害怕，以为韩信要杀他报仇，没想到韩信却善待屠夫，并封他为护军卫，他对屠夫说，没有当年的"胯下之辱"就没有今天的韩信。

公子重耳是晋献公的儿子，晋献公死后，晋国发生了内乱，重耳不得不到处逃难。重耳在晋国算是一个有声望的公子，因此一批有才能的大臣都愿意跟着他。重耳先在狄国住了十二年，发现有人行刺他，又逃到卫国。卫国看他是个失势的公子，不肯接待他。重耳一班人流亡来到齐国。那时齐桓公还在，待他挺客气，送给重耳不少车马和房子，还把本族一个姑娘嫁给重耳。之后，重耳又到了宋国。宋襄公正生病，没有心思发兵送他回去夺位。离开宋国，又到了楚国，恰逢秦穆公派人来接，秦国大军护送重耳过了黄河，流亡了十九年的重耳回国即位。这就是晋文公。下影线与这些历史人物的经历很相似，先是有一个迅速跌落探底的过程，遇到绝境中的支撑，逐步收回失地，实现趋势的大反弹。

（二）下影的形式

下影的形式有两种，分别建立在阴阳实体线之上，蕴藏的威力作用取决于实体 K 线建立的地基。建立在阳线基础上的下影一般比较扎实，有能力突破却选择了潜伏的姿态，随时可以一跃而起，再去引领个股走向反弹；而建立在阴线基础上的下影往往是反抗无力，收回一点沦陷的失地，但还是于事无补，类似历史上南宋小朝廷，虽然初期有所作为，但终究是志气不够，最后敌情肆虐，收复的阵地逐步被蚕食，乃至朝廷灭亡。

（三）下影与股票

下影出现实体为阳，后市会有不错的行情等待着；而出现实体为阴则意味着反抗无力，仍然具有下跌的危险。下影最终的结果会怎样，很大程度上取决于所依附的实体的阴阳情况，如果只看到影线一面，而忽略整体，就容易犯下错误。就像很多人只看到利润的一面，而忽略了合规风险的一面，遭受了惨痛的人生教训。一个典型的例子就是曾经的"带头大哥777"，2006年初开设博客，被股民关注追捧，随后开设QQ讲坛，招收付费会员，许多人通过缴费的方式申请加入了"带头大哥777"的QQ群。经过统计，"带头大哥777"共建立的会员QQ群70多个，收取会员费总计超过1300万元，后因涉嫌非法经营罪被正式批捕。金融股票市场也是如此，只看到利润，贪婪去追，被套在了山顶，最后的结果往往是以失败收场。

二、下影的定义

　　下影是一种支撑，有时也是一种洗盘和假摔行为，我们需要做具体甄别。在金融股票市场里，往往真假如幻，十分难辨，有人总结说，炒股就是修行的过程，我非常赞成。这里有一个非常典型的小故事。从前有一座庙，庙里有一个老和尚，这个老和尚是个禅法高深的主持。庙在山上，山下不远处有一个证券公司，两边遥遥相对。一天，庙里来了许多炒股的香客，在菩萨面前烧了许多香，苦苦哀求，要菩萨保佑他们脱离苦海。老和尚心善，问是怎么回事。香客们说："股票大跌，我们深度套牢，赔进了许多钱，不知怎么才能脱离苦海。"老和尚心想股票真是个坏东西，害了这么多人，我佛慈悲，以救人为怀，快把那些人救出来吧。于是他就倾庙中所有的香火钱，抱着我不入地狱谁入地狱的心态，出来解救众生，慷慨地接纳了所有散户卖出的筹码，买进股票。结果接盘后，股市大涨了起来，浮盈非常可观。

　　好多日子过去了，香客们又来庙中烧香，一个个都情绪激动，眼里放出狼一般的光亮，求股票快涨多涨，还有的人抱怨自己买不到涨停板股票。老和尚不明白了，怎么股票又成了好东西了？既然善男信女都要股票，那我普度众生，卖给他们吧。于是来到股票市场，把所有股票都卖个精光，其后股市大跌几个来回，老和尚赚了很多钱，大家纷纷向老和尚讨教炒股秘诀。老和尚说："哪有什么秘诀，我只是无欲无求，抱着一颗善心而已"！下影承载的实心线就是这种无欲无求的状态，实体为阳，赤诚之属，则成就善果，实体为阴，诡谲之属，则积难成灾。

三、下影的综合特征

长短是判断下影支撑力度的重要依据。就像一个平静的湖面，竹竿作为丈量深度的工具，不同长短的竹竿会有不一样的探测结果。在社会层面，长短的另一层含义指意外的变故，三长两短是一个广为运用的成语，形容人可能遭受到的祸端，这种变故往往会有很多，有时是从顺境到逆境，有时是从逆境到顺境，前者会乐极生悲，后者会否极泰来。在时间层面，长短意味着时间流逝的快慢，长短的不同可以很好地测量出时间流逝的轨迹，留给人们关于过去的一段感受和思考。金融市场有些人热爱价值投资，但是没有悟透长短的含义，以为持有捂仓越长越好，结果产生了很严重的后果。2008 年就是典型的例子，上证指数从 1 月 2 日的 5265 点到 7 月 11 日的 2856 点，指数跌了近 50%，个股不管业绩好坏，也与指数共同颓废，普跌 30%~40%，有些个股比指数跌得还快，跌了 75% 左右。无论业绩优良，全体通杀，这给长期持股不动的价值投资者上了沉重的一课。当然，也有人认为持有越短越好，过于依赖技术路线而不变通，看到一只个股呈现出什么样的技术背离就盲目地买入，不巧遇到小概率黑天鹅事件，同样落得损失惨重的下场。

四、铁锤线

图 4-1　铁锤线

（一）铁锤线的由来

铁锤，顾名思义，铁做的锤子。锤子是敲打物体使其移动或变形的工具。锤子有着各式各样的形式，常见的形式是一个把手连接实体顶部，顶部的一侧是平坦的结构以便敲击，另一侧则是锤头。锤头的形状可以像羊角，也可以是楔形，其功能为拔出钉子。由此可以看出锤子的物理功效非常强大，能够起到稳定牢固物体的作用。锤子不仅在生活领域成为常备工具，在社会语言学角度也运用广泛，在四川话里，锤子指某种骂人的代名词，经常会现出"你知道个锤子"这类表述。有一次，央视记者问成都公交车失火事件中的幸存者："车上有锤子吗？"幸存者："有个锤子！"记者："有锤子？你们怎么不用来砸窗子呢？"幸存者："莫得！有个锤子的锤子！"记者："什么？还有两个锤子！"幸存者："哎呀，有个铲铲！"记者："铲子？那也可以用来砸窗啊！"幸存者："砸个锤子的窗子！"记者："是砸窗子不是砸锤子……"幸存者："哎呀我跟你说个锤子！"记者："我说的窗子！"幸存者："锤子！"记者："那车上到底有什么？"幸存者："有个毛线！"记者："哦，怪不得燃的这么快！"总结：出门一定要带锤子，没得锤子要靠近锤子，有锤子要紧握锤子，锤子在人就在，锤子都没了，人就锤子了。股市里的铁锤线，呈现现实世界里的锤子形态，具有明显的企稳性，往往是黎明曙光到来的迹象。

（二）铁锤线的运用

锤子线一般出现在一段跌势的末端，当反抗的力量汇聚成一定的规模后，从绝境而起，拖着一条尾巴，带来胜利的曙光。在生活中，锤子更像一种精神的昭示。明朝于谦诗："千锤万凿出深山，烈火焚烧若等闲。粉身碎骨浑不怕，要留清白在人间。"在孤独的深山险境中，不忘自我修炼，千锤万凿，不放弃心中的希望，就是为了实现一种光明坚定的理想，这就是锤子的精神，既是实体上的有力依靠，又是精神上的笃定图腾。

（三）铁锤线的操作依据

锤子线具有明显的夯实底部、指示方向的作用，尤其是在一段下跌趋势的尾部阶段，它的操盘口诀为：一锤定终音，云开天际清，堆量再相助，长盈气象新。意思为：在下跌的尽头，一根锤子线就可以给趋势画上圆满的句号，从此开启另一种路径轨迹，整个金融市场的乌云也就随之消散，股票的晴天随之到来，呈现出一片天朗气清、惠风和畅的祥和之感，如果在这个节点，下方买方的量能再来相助，推动锤子线实体走高，那么持续盈利就会步入一种前所未有的新气象、新境界、新纪元。

（四）铁锤线的案例

1. 铁锤线（大）：*ST 钒钛 000629

2017 年 4 月 11 日，*ST 钒钛 000629 涨幅达到 4.84%，经过 5 个交易日，股票价格从 2.72 元涨到 3.27 元，涨幅为 16%（见图 4-2）。

其一，从空间形态看，该股呈现铁锤状，波动区间超过 3%，属于幅度巨大的铁锤线，对底部夯实具有较强的作用。

其二，从天时看，前十大流通股东机构独占九席，这意味着市场主力对该股的未来前景看多，尤其是中央汇金公司的持股，更进一步增强

图 4-2

了散户的信心。

其三，从势头看，公司是国内拥有生产在线余热淬火钢轨技术工艺的厂商之一，拥有中国钒钛磁铁矿第二大矿区，具有良好的行业输出性。

其四，从动力形态看，龙虎线双向齐上，火山柱、能量柱节节攀高。

其五，从演化发展看，该季度的财务情况同比有了很大的提升。净利润由亏损变为盈利，整体业绩有了较大的改善。

2. 铁锤线（中）：铜陵有色 000630

2017 年 5 月 16 日，铜陵有色 000630 收出中幅铁锤线，经过两个多月的上升运行，股票价格从 2.65 元上涨到 3.40 元，涨幅为 29%（见图 4-3）。

其一，从空间形态看，该股票涨幅在 1% 到 3% 之间，属于中等幅度铁锤线，对筑牢底部有非常明显的作用。

其二，从天时看，股本结构几乎都是机构持股，其中人寿保险和养老保险基金都身现其中，说明该股投资风险较小，具有一定的价值成长空间。

其三，从势头看，属于行业热点题材，该公司属于新材料板块范畴，

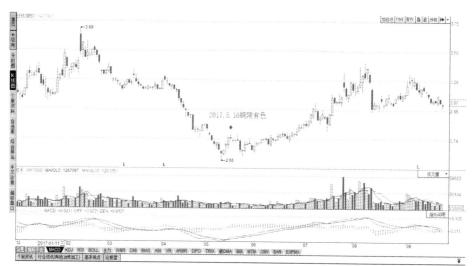

2017.5.16铜陵有色

图 4-3

随着周期性行业的回归，有色金属新材料的天地大有可为。

其四，从动力形态看，三大动力形态指标龙虎线、火山柱、能量柱都一致向好发展。

其五，从演化发展看，该公司技术有所创新。铜冶炼工艺技术升级改造，实现了铜冶炼技术的大幅提升和节能减排目标。

3. 铁锤线（小）：茂化实华 000637

2017 年 7 月 5 日，茂化实华 000637 上涨了 0.74%，经过十个交易日，股票价格从 6.63 元上涨到 7.63 元，涨幅达到 15%（见图 4-4）。

其一，从空间形态上看，该股呈现铁锤线状态，波动区间在 1% 以下，属于幅度较小的铁锤线构建。

其二，从天时看，以机构持有为主，其中有国字号的身影，如中央汇金资产管理有限公司、中信信托有限责任公司，这两大特殊机构的现身，有利于稳定该股的市场人气，带来一定的潜力空间。

其三，从势头看，公司董监高的薪资有所提升，员工的积极性增强，对公司未来的盈利能力有巨大的促进作用。

图 4-4

其四，从动力形态看，三大指标运行良好，原趋势得到反复确认。

其五，从演化发展看，对比上个季度，营业总收入、净利润及其他财务指标同比都有一定的提升，整体财务情况良好。

五、上吊线

图 4-5　上吊线

（一）上吊线的由来

形态上像一个人吊在了大树上，具有浓郁的悲剧色彩，这开启的往往是由盛转衰的悲情岁月。古往今来，上吊最出名的莫过于崇祯皇帝。崇祯十七年（1644 年），明王朝面临灭顶之灾。明军在与农民起义军和清军的两线战斗中，屡战屡败，已完全丧失战斗力。破城后，崇祯皇帝登上煤山，自缢于寿皇亭。明朝告亡。历史照亮当下，上吊线仍然具有较大的杀伤力，呈现这种形态的个股仍不免让人胆战心惊。

（二）上吊线的运用

上吊线一般出现在高位，属于主力出货的形态，期间有看不清方向的市场接盘力量，但是较为弱小，改变不了走低的趋势，当市场各方都醒悟过来，形成了出货合力，那么，一段时期内该股会加速下行。该形态自带悲凉属性，象征着颓势的到来，是非常不吉利的形态，具有浓郁的灾难气息。而灾难发生前往往是一段较为美妙的上升阶段，到了一定的高度后，突然变脸。这就好比社会上的各种非法集资，在资金链没有断缺之前，高回报、高利息吸引着数以万计的贪婪者，仿佛广大金融投资者找到了一只会下金蛋的鸡，但一旦到达了某个关键点，非法集资发起人觉得赚够了，出国移民手续也办好了，人也抵达国外了，国内傀儡也找好了，就直接崩盘，最后散户们一般都是曲终人散、血本无归的下场。

（三）上吊线的操作依据

上吊线属性明确，操盘口诀为：吊山突出来引牵，牛熊转换一线天，若在登高望远处，保命二字记心田。该口诀的含义为：如果在山顶的高处突然出现了上吊的影像，这是一种值得警惕的现象，往往预示牛股形态的终结，熊股形态的到来，如果操作者把格局放大点，周期循环往往就在这样的节点上，很有可能意味着一波上涨周期的终结，如果不及时保本逃命，后果将会非常惨烈。

（四）上吊线的案例

1. 上吊线（大）：美锦能源 000723

2016 年 11 月 28 日，美锦能源 000723 下跌 5.24%，经过 38 个交易日，股票价格从 10.31 元跌落至 6.11 元，跌幅达到 49%（见图 4-6）。

图 4-6

其一，从空间形态看，呈现上吊线的构造，波动区间超过 3% 以上，属于幅度巨大的上吊线形态。

其二，从天时看，对比上个季度，主力持股数量减少，表明主力态度发生了较大的变化，对市场的人气和信心造成了一定的冲击和影响，不利于区间的股价运行。

其三，从势头看，上个季度，煤炭类题材还不太活跃，处于较长时间的休眠状态中。

其四，从动力形态看，龙虎线遭遇天花板，其他量柱处于高位回落的状态。

其五，从演化发展看，上个季度，公司一块建设用地的部分房屋建筑物未办理房屋产权证，影响了固定资产价值的稳定性。

2. 上吊线（中）：永安林业 000663

2017 年 2 月 28 日，永安林业 000663 下跌幅度为 1.59%，股价从 16.11 元经过近两个月的调整，跌至 11.41 元，跌幅达到 30%（见图 4-7）。

图 4-7

其一，从空间形态看，该股票呈现上吊线，波动区间在 1% 到 3% 之间，属于中等幅度上吊线。

其二，从天时看，上个季度，主力由前季度的增持 1031 万股变为减仓 145 万股，意味着主力做多热情减退，战略偏向保守与撤退，对该公司股票市场人气造成一定影响。

其三，从势头看，上个季度，公告发布出售资产的相关信息，对现有公司的固定资产存量造成一定影响。

其四，从动力形态看，龙虎线高位钝化，火山柱、量能柱不断缩减。

其五，从演化发展看，上个季度纵向对比，总体财务情况表现不太理想。

3. 上吊线（小）：厦门信达 000701

2016 年 12 月 22 日，厦门信达 000701 跌幅为 0.65%，股票价格从 15.52 元经过半年左右的时间，跌至 11.74 元，下跌幅度为 24%（见图 4-8）。

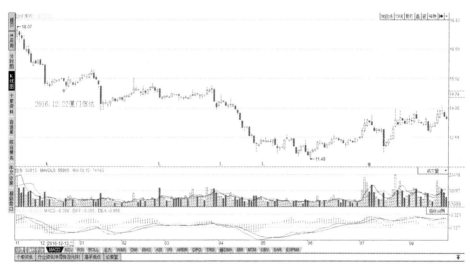

图 4-8

其一，从空间形态看，该股票呈现上吊线形态，波动区间为 1% 以内，属于幅度较小的上吊线。

其二，从天时看，上个统计日，个体户股东偏多，前十大流通股东中，个人有四席，占据了五分之二的比例，不利于集中拉升。

其三，从势头看，统计日资产产值减值利空，公司及控股子公司库存商品、产成品市场价格下跌，对股价造成影响。

其四，从动力形态看，龙虎线双向齐下，冰川柱、能量柱弱化。

其五，从演化发展看，对比上个季度，利润下滑，营收同比增长速率降低。

六、战法总结

下影意味着下方有影线，上方有实体，在经过一番斗争后，实体处于影线的上方而决定未来的方向和力度。一般而言，阳线实体是非常具有前景的形态，意味着希望与未来，如果是阴线实体，则证明反抗无力，前进道路蒙上阴影，后续仍然具有较大的不确定性和风险性。

（1）总体来看，下影意味着下方有支撑力，有些主力和个人蠢蠢欲动。但是实质的尝试性进攻还是主力低位吃货都值得参与者关注。这类形态往往会带来不错的机会，无论短期还是中期，都是良好的提前伏击的机会。

（2）战法的操作要结合当前的个股运行区间判断，如果是处于顶部的下影，则有可能是主力最后的诱多动作，只可短线参与不能恋战；如果是在底部阶段，则更多的是主力积极吸筹的表现，可以勇敢加仓。

（3）战法的实施需要参考前几天的 K 线状态，如果最近的一根是大阴、大阳，则会直接被其吞没，后市继续沿着原轨道运行，面对具体情形，操作上则要具体做出应变。

（4）当天需要密切留意即时消息的变化，很多时候是突发消息导致的由外而内的变化，继而打破原运行轨迹，产生后续的转折性行为，这个时候观望为宜，以免被误伤。

第五章　双影战法

一、双影线的人文背景

（一）双影的内涵

双影意味着有两个触角，属性自带两个方向，有进也有退。古语云：进退有据，潜跃由心。这比喻君子在任何处境下都能从容，故无灾难。从辩证哲学看，不存在一成不变的绝对的神圣的东西；世界不是由停滞不前的事物构成的，而是运动的集合体，处在生存和灭亡的不断变化之中。有时候，后退保持实力，往往才是最好的进攻。我们在股票的实操过程中往往也会面对行情的虚涨，进行果断的清仓，避免突然到来的灾难，这一种急流勇退的做法，往往能让自己最终保存胜利的果实。否则，很容易从哪里来，又回到了哪里去，浮盈全吐，甚至面临亏损。

审时度势知进退，才能永葆昌盛。曾国藩镇压太平军后，声名远扬，进京面圣时，北京人头攒动，所有人都想一睹这位盖世功臣的风采，许多精通相术之人也前来凑热闹，趁机给这位湘军统帅相个面，看看究竟为何他能建此功勋，可是，令人失望的是：曾国藩竟是一个其貌不扬的糟老头子，更令相士们费解的是：曾国藩本应是奸臣短命之相，为何会有这等位极人臣的机遇。

曾国藩在进京后，怕功高盖主而让出了一部分权力，怕湘军太多引起猜疑而裁军四万，怕朝廷怀疑南京防务而建设旗兵营房，请旗兵进驻南京，并发全饷，同时还盖贡院，提拔江南士人。这几条政策一出，朝廷上下交口称赞，再加上他有大功，朝廷又赏赐太子太保头衔等，至此，曾国藩荣宠一时。曾国藩的发迹，就如这双影线，上下两端，伸缩自如，瞄定方向，谋定后动。

（二）双影的历史延伸

双影线中间承载着阴阳。本质上是由其中的实体阳线决定的。就如一个人一般，决定这个人未来走向的不在于环境，而在于内心的选择，所以不忘初心，方得始终，即便处在不好的环境里，也能走出自己独特的风采。陶渊明的一生，经历了臣子篡逆、军阀互斗，还有外族战争，属于中国历史中最黑暗的岁月，一个"篡"与"乱"交替动荡的时代。《宋书陶潜传》中记载了陶渊明的五次出仕及挣扎：第一次，二十九岁左右，因家贫，出任江州祭酒。第二次，大约在他三十五岁的时候，浙江省发生叛乱，桓玄指挥平叛，陶渊明就在他手下做事，为国效力。第三次出仕，大约在他三十八九岁的时候，加入刘裕幕府，揣报国理想，任镇军参军。第四次，陶渊明四十一岁的时候，受刘敬宣邀请，做他的参军，以改善生活。第五次，义熙元年八月，陶渊明做彭泽县令，这次只做了八十来天。辞职后作了决绝官场的《归去来兮辞》。他总结一生："吾不能为五斗米折腰，拳拳事乡里小人邪。"陶渊明的一生就如金融市场里的双影线态，可上可下，完全取决于本心，以及趋势产生的情境。

（三）双影与股票金融市场的故事

上有压力，下有支撑，这是双影线的典型特征，一方面是为了进行突破而遭遇了上方砸盘，另一方面是为了洗盘而布局了下方的吸筹，运行轨迹被压缩在一个实体里，上下两端各留下斗争后的影线。股票市场里，支撑意味着希望，压力意味着阻碍。一支一压，大道至简，有时考虑太多往往适得其反，而真正能赚得盆满钵满的，简单一点的方法有时会更好。有个退休的老太太，平时在证券交易所门口卖茶叶蛋，由于味道很好，生意不错，这些年赚了不少钱。许多股民收市后就来买茶叶蛋吃，有时股票赚钱了，难免眉飞色舞地提醒老太太别卖茶叶蛋了，加入炒股大军赚钱比较快。老太太总是乐呵呵地听着，继续卖着她的茶叶蛋。生意随着牛市越来越好。后来，2015年灾难来了，股市大跌，股民少了，生意也差了。老太太想起股民的提醒，于是就开了户，买了个什么样的股她也不知道，反正是别人买茶叶蛋时口边常说的。她想呀，现在这价比他们说的低，值呀。过了些天，股市又旺起来了，老太太看见股民又多了，手上股票果然赚了不少钱，于是就卖了股票，重新在门口卖茶叶蛋。后来，老太太养成习惯，进证券大厅人多就卖茶叶蛋，照常乐呵呵地听股民的评论。人少了就去炒股票。嘿，两边都能赚钱。老太太也乐了。两边有钱赚她就知足了。我们很多金融市场的深度参与者，都没有上文中老太太的豁达精神和大局观念，每天都在勤劳操作，但结果却适得其反。

二、双影的定义

双影线一般指当天股票有过冲高和下探并迅速拉回中间实体区域的线性状态，表现为一个实体K线连接上下两根影线。通过定义我们可以看出，双影线有过冲高的辉煌，也有过下沉的苦难，最后回归到了正常形态。历史与现实总是惊人的相似。有许多时候我想，如果没有艰苦卓绝的五次反"围剿"，如果没有惊天动地的二万五千里长征，我们的今天又是什么样的？中华民族是否能发展到今天这样的时代宽度和历史深度？中华民族的伟大复兴能否获得今天这样的世界性强音？你或许会抱怨，社会存在不少不和谐的声音，但你不得不惊叹，我们拥有过一批如此义无反顾、舍生忘死的奉献者。新时代不是一泓平滑光洁的缓流，而是一段跌宕起伏、惊天动地的瀑布，奔腾不息的咆哮声天天回响在我们耳畔，如中国古代诗歌中博大苍凉的唱和：前不见古人，后不见来者；念天地之悠悠，独怆然而涕下。双影就是具备了如此的内涵，进可平云直上，退可一日千里。

三、战法的特征

本战法主要依靠实体阴阳属性来判断，上下影线作为力度标准的参考。有时候，上影很长，给人希望，有人觉得是仙人指路，那纯属是臆想；又有时下影很长，有人认为是金针探海，大多为一厢情愿，这都是普通散户的心理作用，在有虚实结构的环境下，看实体主体才是不二选择。这里有一个现实生活中的例子，一位朋友去年去泰国旅游买回来一大瓶蛇酒，里面泡有一条大眼镜蛇。他每天坚持喝一点，还一直跟我炫耀说真的有效，身子骨越来越好了，我感觉他也确实比以前精神了许多，这一段时间至少年轻了好几岁。今天早上他碰到我说酒喝光了，他把眼镜蛇取出来想煮汤吃，才发现蛇是塑料做的。心态决定一切，很多时候，眼前美好的景象都是自我的乐观想象。

四、糖衣线

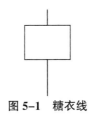

图 5-1　糖衣线

(一) 糖衣线的由来

形如糖衣，结构匀称，两端是外衣，中间是糖体。小时候，想吃糖果的时候，家人总会说，小孩子不能吃太多糖果。所以，小时候很想自己快点长大，后来长大之后，家人又会跟你说，都长大了还吃这么多糖果。当自己真的能够赚钱买糖果的时候，你发现自己已经不再喜欢吃糖果了。再到后来，你的孩子小时候及长大后也一样没有糖果吃。不要问我，为什么是这样，因为我也是这样过来的。这个例子说明，我们往往看到了糖衣线的出现，但却总是在这样、那样的主观因素中，失去了动手的机会，就这样成为了一个丢失了潜在利润的看客。

(二) 糖衣线的运用

糖衣线一般出现在行情震荡加剧的时候，这个节点的股票价格相对波动比较大，容易拖出不同的上下小触角。当出现实体阳线收盘的时候，往往后市仍旧可以持有。糖衣线上下方的小触角更像是一种精神昭示，从外观可以感受其内涵的丰富，起到与实体之间相得益彰的效果。

（三）糖衣线操作的依据

糖衣线的操盘口诀为：上下虚实线，发力看中间，多维再推动，行深可变天。含义为：上下有影线和实体的糖衣线，能不能持续发力，推动行情，主要取决于中间的实体线，如果有一个较好的实体线态，结合政策氛围以及市场行情的风向变化，那么呈现出这样形态的个股可以再次破茧成蝶，华丽转身，获得较为可观的回报。

（四）糖衣线的案例

1. 糖衣线（大）：东方创业 600278

2017 年 6 月 2 日，东方创业 600278 上涨 3.14%，股票价格从 11.39元，经过 16 个交易日，上升为 13.36 元，上升了 17%（见图 5-2）。

图 5-2

其一，从空间形态看，该形态属于糖衣线构造，波动区间在 3% 以上，属于幅度巨大的糖衣线。

其二，从天时看，该股隶属上海国资改革板块，这是地方国资改革的排头兵，在雄安新区规划没有出现之前曾独领风骚，里面大量的企业运行都与国际化的魔都时代信息接轨，具有其他地方性国企无法比拟的优势。

其三，从势头看，资本重组顺利，定增获批。公司非公开发行股票申请获得审核通过，资金的活力与流动性大为增强。

其四，从动力形态看，龙虎线往上穿行，火山柱、能量柱强度提升。

其五，从演化发展看，上个季度，营业总收入增长率由 8.49% 变为9.93%，净利润增长率由 1.02% 变为 16.65%，每股净资产由 6.09 元提升为 6.88 元，综合来看，业绩尚可。

2. 糖衣线（中）：首旅酒店 600258

2017 年 6 月 2 日，首旅酒店 600258 上涨 2.45%，价格从 19.88 元，经过 38 个交易日，上涨至 27.47 元，涨幅为 38%（见图 5-3）。

图 5-3

其一，从空间形态看，该股票呈现糖衣线形态，幅度为 1%~3%，属于中等幅度糖衣线。

其二，从天时看，该公司当季公告收购宁波南苑集团股份有限公司，按照 3.311 元的价格出资 4 亿元成为南苑集团股份公司的控股股东，形成了强强联合的态势。

其三，从势头看，当季度管理层已顺利完成首旅酒店和如家酒店集团在公司治理、发展战略、品牌梳理、信息平台搭建、人力资源运筹等方面的深度整合工作，公司效能大幅度提升。

其四，从动力形态看，龙虎线昂首往上，能量柱、火山柱喷薄而发，做多动能满满。

其五，从演化发展看，上个季度，营业总收入增长率由 389.4% 变为 437.35%，净利润增长率由 110.6% 变为 395.5%，每股未分配利润由 1.19 元提升至 1.24 元，整体表现尚可。

3. 糖衣线（小）：赣粤高速 600269

2017 年 5 月 12 日，赣粤高速 600269 上涨 0.61%，股价从 4.85 元，经过 49 个交易日，上升到 6.15 元，涨幅为 27%（见图 5-4）。

图 5-4

其一，从空间形态看，该股票呈现糖衣线形态，区间波动为 1% 以下，属于幅度较小的糖衣线。

其二，从天时看，上个季度，评级机构大公国际资信评估有限公司在对公司经营状况、行业及其他情况进行综合分析与评估的基础上，维持公司主体长期信用等级为 AAA。

其三，从势头看，该公司是江西省内最大的高速公路管养企业，管养里程在高速公路类上市公司中位居前列。

其四，从动力形态看，龙虎线低位钝化，冰川线萎缩，能量柱恢复，转折点位呼之欲出。

其五，从演化发展看，上个季度净利润同比增长率由 45.69% 变为 132.77%，营业总收入同比增长由 –17.21% 变为 7%，资产负债比例由 51.02% 下降到 50.98%，运行良好。

五、鞭炮线

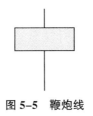

图 5–5　鞭炮线

（一）鞭炮线的内涵

鞭炮起源至今有 1000 多年的历史。在没有火药和纸张时，古代人便用火烧竹子，使之爆裂发声，以驱逐瘟神。这当然是民俗传说，但却反映了古代中国人民渴求安泰的美好愿望。鞭炮说法上各个历史时期不同，称谓从爆竹、爆竿、炮仗一直到鞭炮。鞭炮有巨大的危害。一方面燃放鞭炮会引起空气污染。燃放鞭炮时会释放出大量的有害气体，如二氧化硫、二氧化氮等。另一方面燃放鞭炮会产生噪音污染。燃放鞭炮所发出的噪音对我们的生理和心理都有很大的影响。它不仅会损害我们的听力，还会损害人的心血管系统，所以，很多城市都禁止放鞭炮。在金融市场，鞭炮线同样是市场参与者回避的对象，具有较大的危险性。

（二）鞭炮线的运用

鞭炮线呈现上下为影线，中间为实体阴性的状态，是趋势走弱的标志。一般容易出现在高位，意味着市场主力当天拉高出货的行为，有时也会出现在下跌过程的中段位置，是主力进行拉高技术性止损留下的痕迹。鞭炮线两边都可点燃，随时可能引爆，市场参与者需要高度警惕，宁愿信其有，不能信其无，这就像我们春节点燃一大串冲天炮一样，只见火芯处不时闪动火花，却迟迟没有火药冲天爆破，这就需要继续等待、冷静观望，确保没有安全隐患才可以靠近，检查故障原因，否则极容易被突然窜出的烟火伤害。

（三）鞭炮线的操作依据

鞭炮线的操盘口诀为：一炮冲天气焰高，瞬间江水波浪涛，纵有万丈凌云志，繁华散尽世人抛。这句话的含义为：鞭炮线的产生，伴随着摸高拉升的过程，看上去有那么一段时间气焰高涨，似乎要进行突破，但好景不长，也许就在某个瞬间，从高位回落，掉入这无尽的滚滚涛水之中，随着浪花，消逝而去。纵有万千的抱负，冲破云霄的梦想，但在繁华和喧闹散尽之后，仍会被市场逐步遗忘和抛弃。这意味着，鞭炮线往往就是一种矛盾交错的存在，想得却无法得到，最后实力衰竭，走了下坡路。

（四）鞭炮线的案例

1. 鞭炮线（大）：重庆港九 600279

2017 年 4 月 14 日，重庆港九 600279 下跌 5.81%，股价从 8.41 元，经过 31 个交易日，调整到 6.29 元，调整幅度为 25%（见图 5-6）。

图 5-6

其一，从空间形态看，呈现鞭炮线，区间在 3% 以上，属于跌幅巨大的鞭炮，点燃之后，杀伤力巨大。

其二，从天时看，公司集装箱多式联运、全程物流平台等业务范围比较传统，面临的竞争压力不断增大。

其三，从势头看，该公司主要从事港口客货运输、集装箱运输、大件运输、仓储服务等水陆中转服务，属于基建类行业，非当期板块轮动热点。

其四，从动力形态看，龙虎线遭遇天花板，火山柱、能量柱急剧转下，动力出现衰竭的迹象。

其五，从演化发展看，对比上个季度，营业总收入从 21.99 亿元下降为12.74 亿元，净利润从 7846 万元下降到 2375 万元，每股基本收益从 0.11 元下降为 0.03 元，前景受到一定影响。

2. 鞭炮线（中）：航天信息 600271

2017 年 4 月 12 日，航天信息 600271 跌幅 1.46%，股价从 22.11 元，经过 27 个交易日，下降为 17.35 元，下降幅度为 21%（见图 5-7）。

图 5-7

其一，从空间形态看，该股票呈现鞭炮线形态，跌幅为 1%~3%，属于幅度较大的鞭炮线。

其二，从天时看，统计周期显示，主力减持 5509 万股，持仓比例由先前的 21.98% 下降为 19%，累计市值由之前的 80.98 亿元下降为 73.68 亿元，这些变化对市场造成了一定的冲击和影响。

其三，从势头看，该公司主业包括防伪税控系统、IC 卡、系统集成业务等，非上个统计周期的热点领域。

其四，从动力形态看，龙虎线高位死叉，火山柱缩减，能量柱减弱，运行受到了一定的遏制。

其五，从演化发展看，对比上一个季度，营业总收入由 256.14 亿元下降为 54.87 亿元，净利润由 15.36 亿元下降为 3.96 亿元，每股经营现金流由 1.62 元下降为 0.36 元，财务具有一定程度的滑坡。

3. 鞭炮线（小）：浦东建设 600284

2017 年 4 月 13 日，浦东建设 600284 跌幅为 0.32%，股票经过 27 个交易日，价格从 12.82 元跌至 10.04 元，跌幅达到 21%（见图 5-8）。

图 5-8

其一，从空间形态看，该股票呈现鞭炮线形态，波动区间在 1% 以下，属于幅度较小的鞭炮线。

其二，从天时看，股本结构上，主力减持 233 万股，持有数量从上个季度的 11.05 亿股下降为 9.82 亿股，这对该股的市场信心造成了一定的影响。

其三，从势头看，公司管理高层变动，董事长申请离职，导致公司管理层结构性调整，构成一定短期利空。

其四，从动力形态看，龙虎线高位钝化，火山柱缩小，能量柱减弱。

其五，从演化发展看，上季度财务层面，利润有所下降。营业总收入从25.38 亿元下降到4.10 亿元，净利润从 3.59 亿元下降为 6845 万元，每股基本收益从0.52 元变为 0.10 元。

六、战 法 总 结

双影线如同一把梭子，上下穿梭着多空时光。影线和实体的比例构筑了形态的大小、强弱和宽窄，也预示着后市的进退和取舍。主要的参考依据是看实体的构造，影线作为曾经多空交战的参考，影线越长，交战越激烈，未来的仓位考虑上则慎重加仓，如果影线较短，则在未来仓位考虑上可再进一分。

（1）总体来看，该战法形态上有砸盘，下有支援，处在一个可上可下的位置，具体的走向需要参考实体阴阳线的力度构成，如果实体阴阳线幅度很客观，则以实体部分的走向作为主要的指引。

（2）战法的实施需要结合区位空间，当运行在低位的时候，可以适当看高一线，当运行在高位的时候，则需要看低一线，无论处在高位还是低位，遇到实体较大的时候，则要考虑短期的机遇和风险。

（3）该战法往往出现在多空转变的重要节点时期，尤其是每周的"黑色星期四""惨烈星期五"，如果在遇到影线和实体难分高下，多维判定胜负难测的情况下，果断加入其他维度因素。

（4）该战法需要结合之前的 K 线来判断，如果之前的 K 线出现大幅的阴阳状态，则当天的形态会被紧紧包容，原趋势不改变；如果之前的 K 线没有出现大幅的阴阳状态，则以当天的形态作为近期走势的主参考而决定进退。

第六章　凤凰战法

一、战法的背景

（一）凤凰的内涵

凤凰，古代传说中的百鸟之王。常用来象征祥瑞，凤凰齐飞，是吉祥和谐的象征。凤凰涅槃，象征着一种蜕变和重生，这个过程顺利，就会开辟一个新的天地，如果不顺利，则凶险异常。凤凰和龙一样，关于其形象的记载愈往后愈复杂，最初在《山海经》中的记载仅仅是"有鸟焉，其状如鸡，五采而文，名曰凤凰"，甚至还有食用的记载，《大荒西经》："沃之野，凤鸟之卵是食，甘露是饮"，《证类本草》云"诸天国食凤卵，如此土人食鸡卵也"。宋代凤髓被列为八珍之一。到最后却有了麟前鹿后、蛇头鱼尾、龙文龟背、燕颔鸡喙等的记载，成了集合了多种鸟兽元素而成的一种神物。自秦汉以后，龙逐渐成为帝王的象征，而帝后妃嫔们开始称凤比凤。本章所提到的线性形态，与凤凰产生的经历相似，都是经历了艰苦的多空较量，才最终呈现出具有明显结构特征的形态。

（二）凤凰与历史

凤凰一般呈现展翅欲飞的形态。没有涅槃成功的，便布满戾气，呈现出如"丁字"一般的凶险状态，暗含风险和危机；蜕变成功了，则如梯子一般，为人们搭建阶梯，提供便利。在形态结构上"丁字"线和"梯子"线是凤凰形态的两个维度的演绎，但对应的结果恰恰相反，这也就是我们常说的"一念成佛，一念成魔"。人类社会里，同根异性的人比比皆是，甚至同一个人，不同时期也有判若两人的表现。历史上，汪精卫的生平就明显具有这样的特质。早期的他，"梯子"型上进作风，一心为革命做奉献。1905 年 7 月谒见孙中山，加入同盟会，参与同盟会章程的起草工作。后随孙中山赴南洋筹设同盟会分会，1910 年 1 月与黄复生等抵达北京，开设守真照相馆，并暗中策划刺杀摄政王载沣，事后被捕，判处终身监禁。在狱中起初决心以死报国，赋诗"引刀成一快，不负少年头"，一时为人传诵。后期则性情大变，堕落成"丁"字形人格，汪精卫降日投敌，建立傀儡政权之后，大力宣扬和推行源自日本的"东亚联盟"理论，并以此卖国理论作为毒化奴役沦陷区民众的口号，瓦解抗日阵营的思想武器。同一个人，一念之间的差距，让人生走向了两个不同的极端，而汪精卫本人，也被钉在了历史的耻辱柱上。

（三）凤凰与股票

凤凰有生死涅槃的过程，成功了就重生，失败了就变成干尸。股票有涨跌起落的阶段，每一次突破不了压力位，就会掉下来盘整；每次站不上支撑位，则会弱化继续下行。而其中关键元素，就是那一道多空力量对比的生死劫。就如博弈重组概念一样，如果重组成功，则一飞上天，若重组失败，则跌入深渊。重组预案遭深交所问询的万方发展，31 只基金被锁仓，市值达9.01 亿元，该股 2016 年 7 月 25 日复牌后连续 4 个跌停，一周持股市值缩水34.07%。两年内连续三次重组失败的步森股份，7

月 19 日复牌后先是 3 个跌停，随后持续阴跌，7 月份累计下跌 32.95%，基金同样被"锁仓"。7 月 1 日宣布重组失败的 *ST 八钢，复牌后连续 6 个交易日跌停，月跌幅 32.18%。西部利得成长精选基金持股市值 2519.5 万元，由于二季度遭遇净赎回使其持股市值占净值比达 47.6%而遭受重创。这些例子都成为了 A 股的一大奇观。

二、凤凰的形态定义

我们把貌似飞鸟闭合、呈现英文大写字母"T"字形态的图形称为凤凰形态的裂变形态，凤凰形态包含两种线，一种是阳线属性的"梯子线"，一种是阴线属性的"丁字线"，这两种线态，一种代表向上进取，一种代表凶神降临，具有相互排斥的两种属性。大家看《哪吒》系列影片，哪吒的本体也分灵丸与魔丸两种属性，灵丸与人为善，拯救苍生，魔丸兴风作浪，制造混乱，同一个本体，精神却是经常处在分裂状态之下。在这个方面上，龙的后代差异化就更严重了，传说中，作为一个本体的龙，后代会有九种类别，性情和脾气却相差甚远，最后的命运也各不相同。

三、战法的特征

凤凰形态中的"T"字形状，类似凤凰小憩闭合双翅的样貌，但因其内在阴阳属性不同，对应的线性名称和操作预判也截然不同。处在阳性的氛围里，叫作"梯子线"；处在阴性的氛围里，叫作"丁字线"，一种彰显了后市的运行大有可为，能够继续看高一线，一种代表了后市风险较大，防守成为当务之急，避免后续灾难发生。

四、梯子线

图6-1　梯子线

（一）梯子线的内涵

梯子是一种生活用具，该工具由两根长粗杆子做边，中间横穿适合攀爬的横杆，用于爬高。人活着，就像爬一个大梯子，所有的人都在梯子上努力地爬。站在梯子上，要学会上下左右地看，有的人爬得很高，一不小心摔了下来，这没有别的办法，养好伤再重新开始爬。爬人生的大梯子，爬高一步就能欣赏到高一步的风光，高处的风光跟底下的人说，他们不会相信，甚至揣测你描述风光的目的。只有自己爬上去了，才会相信那是真的。下面的人嫉妒上面的人，上面的人看不起下面的人，这都很正常。如果下面的人不嫉妒，那么他就具有强者的胸怀。如果上面的人心存怜悯，那么他就具有仁者的慈悲。金融市场的打拼也像爬一个大梯子，能拉的就拉一把，能说句鼓励的话就多说说，你这样做了，没准儿上面的人也会对你这样做。每个人都在爬梯子，努力地爬。所以，股市里的梯子线，代表的是希望、阳光和正能量。

（二）梯子线的运用

梯子线广泛运用于一段时间的盘整见底阶段和上涨停顿后的中继阶

段，当空头力量完成最后一波凌厉的下杀，多头开始了报复性的反攻，顿时势如破竹，汪洋直入，梯子线一出，给未来搭建了良好的上升通道，后面的趋势往往会有强劲的反弹。

(三) 梯子线的操作依据

梯子线的口诀为：一根云中梯，矗立占先机，趋势排空上，直到夜郎西。含义为：如果在整个趋势启动初期，出现了一根梯子线，就会立刻打破次级别盘整的氛围，排空而上，突破边际，取得令人意想不到的效果。值得注意的是，我们要兼顾梯子线的长短，长短的不同对趋势的强度会有一定的影响。

(四) 梯子线的案例

1. 梯子线（大）：宝硕股份 600155

2017 年 4 月 7 日，宝硕股份 600155 上涨 9.99%，经过 5 个交易日，股价从 15.81 元变为 21.47 元，涨幅为 35%（见图 6-2）。

图 6-2

其一，从形态看，该股票呈现梯子线，多方完全占据了胜利的阵地，上涨区间超过3%，属于幅度巨大的梯子线构造。

其二，从天时看，该公司当期进行多元业务拓展，完成重大资产重组主营业务，增加证券服务业务。

其三，从势头看，当期积极收购优质资产，增强市场竞争力。公司通过非公开发行的方式收购相关行业企业，并积极融资补充资本，做大产出蛋糕。

其四，从动力形态看，龙虎线、火山柱、能量柱等指标处于攻击状态，推动趋势朝着突破的方向进发。

其五，从演变发展看，对比上个季度，净利润从亏损 1.42 亿元变为创收 4996 万元，每股净资产从 8.52 元变为 8.54 元，每股收益由亏损 0.22 元变为盈利 0.03 元。整体财务情况有了一定的好转。

2. 梯子线（中）：鄂尔多斯 600295

2017 年 7 月 14 日，鄂尔多斯 600295 涨幅为 2.01%，经过 27 个交易日，股票价格从 10.81 元涨到 20.90 元，增长幅度为 93%（见图 6-3）。

图 6-3

其一，从形态看，构建了梯子线形态，区间为1%~3%，属于中等幅度的梯子线。

其二，从天时看，具有增发预期。当期该公司召开第四次董事会会议，审议通过了《关于调整公司非公开发行A股股票方案的议案》等相关文件，对非公开发行股票方案中的发行数量、募集资金规模等进行了说明，引发市场乐观猜想。

其三，从势头看，主力持仓较上个季度有所增长。上个季度主力抛售1691万股，累计市值5312万元，本季度主力增持210万元，累计市值7558万元，数据说明主力信心进一步恢复，市场逐步转暖。

其四，从动力形态看，龙虎线、火山柱、能量柱不断上移中心，合力的作用愈发明显，后市容易爆发。

其五，从演化发展看。其营业总收入和净利润等指标增长较快。对比上季度，营业总收入从45.36亿元提升到97.33亿元，净利润由1.11亿元增长到1.69亿元，每股收益从0.11元变为0.16元。

3. 梯子线（小）：安琪酵母600298

2017年4月6日，安琪酵母600298涨幅呈现梯子形态，经过58个交易日，从20.82元上升到26.59元，上升幅度为27%（见图6-4）。

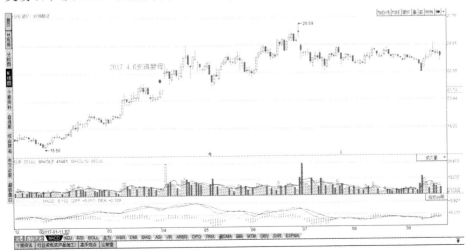

图6-4

其一，从形态看，该股票呈现梯子状，区间在 1% 以下，多空交战趋于平缓，属于较小幅度梯子线。

其二，从天时看，该行业属于价值成长行业。公司前身为宜昌食用酵母基地，是由原国家科委中国生物工程开发中心、中科院微生物所、国家计委科技司三家联合建议立项，国家计委布点的全国唯一一家活性干酵母工业性试验基地。

其三，从势头看，公司积极对外投资，扩充产业，当期拟选址埃及贝尼斯韦夫省新城工业区，项目毗邻埃及公司，计划新增用地面积 25200 平方米，折合 37.8 亩；按照年产 12000 吨酵母抽提物项目进行规划实施，本项目实施完成后，埃及公司酵母及抽提物总产将达到 3.5 万吨左右。

其四，从动力形态看，龙虎线高位呈现攻击状态，火山柱、能量柱推进较为顺利，后市看高。

其五，从演化发展看，上个季度纵向比较，营业总收入达到 14.19 亿元，同比增长 26.07%，净利润达到 2.13 亿元，同比增长达到 89.22%，业绩尚可。

五、丁字线

图 6-5　丁字线

（一）丁字线的内涵

丁字在现实中可谓应用广泛。尤其是在建筑物方位选择上，中国传统建筑讲究坐北朝南，这是几千年来勤劳智慧的劳动人民通过反复实践得出的结果。现代的建筑仍旧采用了这一习惯，在建造的时候大多都坐北朝南，其最大的好处就是有利于采光和通风。适度性是人对建筑最基本的要求，也是坐北朝南建筑风水的基本要旨。古代建筑学理论中家居不宜在丁字路口，这是住宅选址必须注意的，因其往往意味着不太吉利。古代建筑学讲究聚气，而"气"遇风则散、界水则止，而用现代科学的解释，直吹的风是不利于气的，这里涉及建筑物与"风口"的问题。

　　说到这里，再引申讲几点古代建筑学常识。古代建筑学中提倡建筑物，尤其是人居家宅不宜向风口，"风口"形制，即指逆向直冲水流位置，包括建筑物逆向山向的峡谷口、建筑物所在的地洞口，高层建筑的墙角边等。在中国一些有着悠远历史的古村镇，多建在河流"S"形凹处，一般河流都呈"S"形，有"凹"也有"凸"的位置。河流的"S"形"凹"处，古人称之为内腰带之地，在区位上为吉。因此，很少有村子建在河流的反"弓"之地。床铺摆放也要讲究方位，譬如不能开门见床、床不宜在窗口、床位不能直冲大门等。此外，家宅的床底下不能堆放铁器，这是家宅生活中的大忌。这种情形，在城市居民中少见，但在农村却会时有发生。丁字线在金融市场中，也有这类问题，往往意味着趋势转变，遇到此种形态的股票，往往避之以免后患。

（二）丁字线的运用

　　丁字线一般处于上升的转折阶段，此时多头位于出货的前期，先盘中打压造成主力出货的紧张氛围，再进行小幅拉升，麻痹市场的参与者，让一些浅套的散户感觉市场的反弹就要来临，最后再出货。其中，整个过程维系在一个较为隐蔽的小级别盘整形态里。主力的心思在于出货，但不想引起大量的跟风出现而造成踩踏，所以边出边拉，在低位盘整中完成出货任务。

（三）丁字线操盘依据

丁字线的操盘口诀为：风云又际会，热浪已消退，此地不可久留，不离则易废。含义是：在趋势转换的当口，市场的热情已经开始退温，在出现最后一个冲高回落并呈现丁字线态的构造时，一定要快速出局，否则，极其容易因被深套而懊恼不已；同时，在一段下跌趋势的构造形态当中，丁字线的出现会成为加速器，带动更深层次的下跌。

（四）丁字线的案例

1. 丁字线（大）：京汉股份 000615

2017 年 5 月 9 日，京汉股份 000615 下跌 4.58%，经过 48 个交易日的运行，股票价格从 17.92 元下跌至 10.72 元（见图 6-6）。

图 6-6

其一，从形态看，该股票呈现丁字形态，区间在 3%以上，属于幅度巨大的丁字线形态，蕴含着巨大的风险。

其二，从天时看，主力看淡，积极减仓。对比上个季度，主力由增持1109 万股变为减持 1071 万股，持仓比例由 18.64%下降至 15.62%，说明主力在当季的信心受到一定的影响，未来具有一定危机。

其三，从势头看，当期对外担保，增加了经营风险。公司对外担保额度为 1.8 亿元；主协议债务提前到期的或主协议双方协议延长债务履行期限的，主协议债务提前到期日或延长到期日为债务履行期限届满之日。如主协议约定债务人分期清偿债务，则每一笔债务到期之日即为该部分债务履行期限届满之日。担保方式为连带责任保证。

其四，从动力形态看，龙虎线坠落下沉，冰川柱扩大，能量柱不断减弱。

其五，演化发展看，对比上个季度，公司营业总收入由 42.43 亿元下降为3.77 亿元，净利润从盈利 1.09 亿元变为亏损 2120 万元，每股收益从 0.14 元变为亏损 0.03 元，整体业绩表现不尽如人意，后市面临一定的风险。

2. 丁字线（中）：华能国际 600011

2015 年 11 月 16 日，华能国际 600011 下跌 1.47%，经过 3 个月左右的时间，股价从 8.73 元下跌至 5.82 元，下降幅度为 33.3%（见图 6-7）。

图 6-7

其一，从形态看，该股呈现丁字形态，波动区间为1%~3%，属于中等幅度丁字形态。

其二，从天时看，从质地属于防守型电力板块，股性活跃度不强，具有一定的季节周期性。

其三，从势头看，担保较大数额资金，具有一定的连带风险。近年来，该企业不断进行资本运作，曾给一家外企担保124.62亿元，成为连带责任一致人，给自身的经营风险带来了一定的隐患。

其四，从动力形态看，龙虎线从高位自由下落，冰川柱明显开始堆积，能量柱开始衰退。

其五，从发展演化看，对比上个季度，净利润增长率由19.48%降低为16.74%，营业总收入同比增长-7.98%，业绩还需要进一步挖掘潜力空间。

3. 丁字线（小）：厦门国贸600755

2017年7月7日，厦门国贸600755经过6个交易日，股价从8.83元回落到8.00元，回落幅度为9.8%（见图6-8）。

图 6-8

其一，从形态看，该股呈现丁字形态，波动区间在 1% 以下，属于幅度较小的丁字线。

其二，从天时看，该公司是一家大型的综合性企业，拥有较完备的与港口物流相关的码头、仓库、陆运及海运配套设施，具有地方性自贸区概念。因雄安新区概念的兴起，影响了其他各类自贸区的关注度。

其三，从势头看，重要股东减持。上个季度，十大流通股东持有 6.50 亿股，累计占据流通股的 39%，但近期减持了 842 万股。流通股东是最积极的市场参与元素之一，这类群体的减持会对市场造成一定的打压和冲击。

其四，从动力形态看，龙虎线、冰川柱、能量柱都有不同程度的衰退迹象，不利于后市拉升。

其五，从演化发展看，当期公司所属子公司出现较大利空，其投资于港股的资产管理计划净值出现较大程度的下跌，公司将全面核实有关情况，密切跟踪国贸资管关于本次风险事件的处理，尽最大努力降低该事件所产生的负面影响。

六、战法总结

花有两季，繁荣或者衰败，凤凰形态同样如此，梯子与丁字，一种是搭建通往彼岸的桥梁，一种是制造遏制事物发展的路障。虽然彼此共同孕育在一个母体，但是属性不同，结局相反，但一般而言，这两种形态都呈现线性结构，反抗的力度都比之前的实体形态强烈得多，最终对趋势的作用也明显得多。

（1）总体看，该形态下有主力在试图突破，有成功，也有失败，胜者为王，往往立刻封板，败者为寇，往往底部挣扎。我们要善于乘胜追击，学会在有利的环境中正向加仓，更好地顺应趋势运行的普遍规律。

（2）战法的实施需要考虑大环境的变化，尤其是在顶部阶段，极有可能是主力的回光返照，一定要做好及时的撤退工作，否则，下杀之后的结果会非常惨烈。这在另一个层面告诉我们要秉持清净、平和的心，不能利欲熏心看不清形势，盲目操作。

（3）战法在次新股的实践过程中运用得多，往往不到五倍涨幅的次新股，开板后出现梯子形态，后续能继续维系，则是一个好的中途上车的买点，这种上车的收获往往是一倍以上的暴利。

（4）战法中的主力如果拼死上拉，仍然填补不了前天的跳空缺口，则后市的发展仍然较为悲观，须做好及时止损并观望；如果一意孤行、盲目乐观，则容易被泥沙俱下的颓势击倒而造成损失扩大。

第七章　枯荣战法

一、战法的背景

（一）枯荣的内涵

枯荣是个形容词，描绘的是自然界的变化。药山禅师带云严和尚、道吾和尚上山参禅悟道，药山禅师见枯荣两棵树相傍而生，便问，"枯的好，还是荣的好？"云严和尚说荣的好，而悟道和尚则言枯的好。药山禅师则缄默不语。适逢一个扫地杂役路过，杂役说道，"荣的任它荣，枯的任它枯。"药山禅师浅笑点头。很明显，云严和尚、道吾和尚的回答都没有脱离对错、悲喜、盈亏的统一冲突，而杂役的回答则跳出了这个窠臼，逾越了有无、黑白、喜恶的统一。固然，面临纷扰的世界，也许有人可以宠辱不惊，但更多的是在掌声叠起与荆棘丛生交错的冲突中糊口。既然如此，我们为何要与各种执念一决高下，争个不共戴天呢？本无胜负，是我们的苛求使得若苦的人生愈加锋利，放下即福。在金融市场中，个人无论之前多么辉煌，或是多么惨痛，对当下而言，都不重要，毕竟市场是存在于当下，延续至未来的。

（二）枯荣的转换

枯荣包含枯竭和繁荣，一种代表着没落，一种代表着兴旺，既对立、又统一，最终都归于寂寥，衡量其中变化规律的，只是时间而已。

康乾盛世之时，康熙下诏永不加税，只收田租，"滋生人丁永不加赋"，并引进外来农作物，使得清朝人口大大提升。雍正即位后对康熙时期的弊端采取了补救措施。他还任用以干练、勤勉著称的张廷玉、鄂尔泰、田文镜等，整个王朝继续朝前发展。这是王朝开始繁荣的时节，然而好景不长，清高宗乾隆皇帝在位后半期曾六次下江南，耗资巨大，同时重用贪官和珅，他利用工程及冤狱收取大量公款及贿赂，农民因而流离破产，再加上士大夫和地主兼并土地加剧，更多农民失去土地。失去土地的农民纷纷起事抗暴，江湖帮会亦借机起事，且多打出神秘旗号，从此王朝开始走向了枯败。一个王朝的枯荣，放在历史的长河里，与一片落叶的飘零所经历的枯荣转换，在本质上并无二致。

（三）枯荣与股票

枯荣具有普适性，股票市场也有枯荣，股票参与者更是如此。没有永涨不跌的股票，也没有永跌不涨的股票，每一次的波动，都是周期性和阶段性的产物。盛极必衰、衰极必盛，这是万物成长之理，更是股票市场的基本轮动规律。往往许多散户，考虑不到股票枯荣的周期性，被一味地上涨蒙蔽了双眼，盲目加仓，结果被套在了山顶之上；还有一些人，被一味地下跌吓破了苦胆，恐惧割肉，倒在了黎明前的血泊里。这里反反复复出现的例子，也正是绝大多数股民亏损的症结所在。

二、战法的特征

　　该战法由指路线和墓碑线构成，一念天堂，一念地狱，希望和绝望都是相伴相生，背水一战则很好地诠释了这个道理，埋葬了宋义却成就了项羽。秦朝末年（公元前208年），秦国的三十万人马包围了赵国的巨鹿，赵王连夜向楚怀王求救。楚怀王命宋义为上将军，项羽为次将，带领二十万人马去救赵国。谁知宋义听说秦军势力强大，走到半路就停了下来，不再前进。军中没有粮食，士兵用蔬菜和杂豆煮了当饭吃，他也不管，只顾自己举行宴会，胡吃海喝。这一下可把项羽气炸了。他杀了宋义，自己当了"假上将军"，带着部队去救赵国。项羽先派出一支部队，切断了秦军运粮的道路，自己率领主力过漳河，解救巨鹿。楚军全部渡过漳河以后，项羽让士兵们饱饱地吃了一顿饭，并让每人再带三天干粮，然后传下命令：把渡河的船凿穿沉入河里，把做饭用的锅砸个粉碎，把附近的房屋放把火统统烧毁。这就叫破釜沉舟。项羽用这个办法来表示他有进无退、一定要夺取胜利的决心。楚军士兵见主帅的决心这么大，就谁也不打算再活着回去。在项羽亲自指挥下，他们以一当十，以十当百，拼死地向秦军冲杀了过去，经过连续九次冲锋，把秦军打得大败。秦军的几个主将，有的被杀、有的被俘、有的投降。这一仗不但解了巨鹿之围，而且把秦军打得再也振作不起来，过两年，秦朝就灭亡了。从这以后，项羽当上了真正的上将军，其他许多支军队都归他统帅和指挥，他的威名传遍了天下。金融股票市场也往往如此，没有视死忽如归的勇气，很难下决心在股票下跌的底部、在市场仍旧处于恐慌和人气低迷的时候进行抄底。

三、指路线

图 7-1 指路线

（一）历史的借鉴

指路，意味着指示方向，路有很多种，大路、小路、山路，往往走错一步，则满盘皆输。所谓阅人无数，不如高人指路。有时为了得到高人指路，不惜摒弃前嫌。齐桓公即位以后，要封鲍叔牙为相，鲍叔牙却向齐桓公极力推荐管仲，他对齐桓公说：管仲之才，胜我百倍，君若欲大展宏图，非管仲莫属。齐桓公也知道管仲是旷世奇才，又见鲍叔牙竭诚推荐，于是决定不计前嫌，重用管仲。为了能让管仲回国，齐桓公派人对鲁国国君说，杀掉公子纠，缚送管仲回国，以报一箭之仇。若不应允，即兴兵伐鲁。鲁国弱小，只得照办，杀了公子纠，把管仲捆绑起来，装入囚车，送回齐国。管仲自以为必死无疑，他早已置生死于度外，大义凛然，泰然处之。哪知当他被押进宫廷时，齐桓公快步走下座位，亲自为他松绑，当即拜他为宰相。齐桓公的这一举动使管仲深受感动，从此他尽心辅佐齐桓公，大刀阔斧进行改革，结果齐国大治，国力大增。管仲又建议齐桓公打出"尊王攘夷"的旗号，存邢救卫，九合诸侯，最后齐国终于称霸天下，成为春秋时期五霸之首。金融股票市场更要注重方向的选择，有时候，选择比努力更重要，如果方向错了，就会与趋势背道而驰，与巨大利润失之交臂。比如，当金融、保险、证券板块呈现活跃的攻击态势，大盘的其余板块就要高度警惕，时时提防风险的到来；

如果中小创热点与题材频发，那么我们就要适当舍弃蓝筹和周期性个股，以期取得更大的收获。但如果踏错了节奏，往往结果惨痛。

（二）指路线的运用

指路线的操盘口诀为：逍遥一指通坦途，瞄定方向定有无，一夜东风万枝彩，线上突破势如竹。含义为：趋势确立往上的一笔中，方向的有无是可以看清的，如果再配合政策题材的利好，那么趋势层面的突破就会立即爆发。指路线一般运用于冲高回落的情形中，在股票底部出现则往往意味着主力在测试盘中压力，并通过突然拉高的异动来了解市场各方面的反应。这就好比一个人去野外垂钓，先洒下一些诱饵来吸引鱼鳖，然后再放钩，如果长时间水底没反应，则意味着该处水下生物数量不多，需变换场地。在股票市场里，主力往往也喜欢用这样的伎俩来故布迷阵，造成高位出货打压的紧张气氛，如果能了解主力的意图，那么指路的形态就可以升华为人们常说的"仙人指路"形态了。

（三）指路线的案例

1. 指路线（大）：英雄克002837

2017年4月25日，英雄克002837上涨5.66%，经过30个交易日，从19.58元上升为34元，上涨幅度为73%（见图7-2）。

其一，从形态看，该股呈现指路形态，上涨幅度超过3%，未来发展势头良好，属于指向康庄大道的构造。

其二，从天时看，机构筹码逐步加重。对比上一个季度，机构筹码增量从4.36万元变为126.72万元，增加了120多万元，控盘的决心大为增强。

其三，从势头看，该公司是一家国内领先的精密温控节能设备提供商，致力于为云计算数据中心、通信网络、物联网的基础架构及各种专业环境控制领域提供解决方案，属于新兴类题材热点板块。

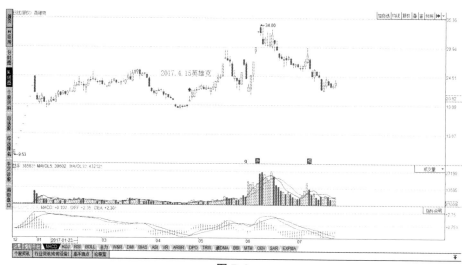

图 7-2

其四，从动力形态看，龙虎线双向其上，能量柱明显增多，火山柱逐步增强，后市爆发力充足。

其五，从演化发展看，公司不断优化改进"创新管理"平台，在 IPD 等管理体系的基础上继续改进，通过技术平台和管理平台的全面持续优化，始终保持公司的研发创新优势。截止到报告期末，公司共获得软件著作权 9 项、专利权 124 项，其中发明专利 13 项，潜力空间较为突出。

2. 指路线（中）：陕西黑猫 601015

2017 年 6 月 22 日，陕西黑猫 601015 上涨 2.74%，经过 29 个交易日，股价从 7.16 元上升到 9.55 元，上涨幅度为 33%（见图 7-3）。

其一，从形态看，呈现指路线状态，幅度为 1%~3%，属于中等幅度，指向了一条平坦道路。

其二，从天时看，主力机构增持，上个季度，主力累计持有市值 5612 万元，增持了 6.63 万元，市场机构认可度较为乐观，有利于后续股价的进一步上扬。

其三，从势头看，公司在统计日附近，拟公开发行股票，不断扩容增量，提升公司整体的规模效应。

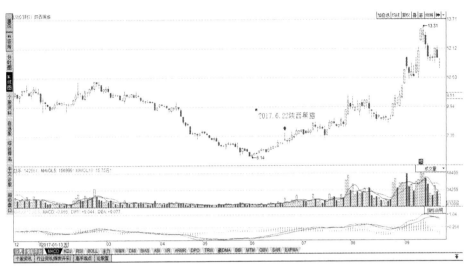

图 7-3

其四，从动力形态看，龙虎线、火山柱、能量柱三个方面的运行态势较为平稳，未来行情可以期待。

其五，从演化发展看，近三十天没有解禁压力。最近的一次解禁发生在2015年11月6日，解禁数量为1.76亿元，占股本的比例将近三分之一；即将到来的解禁在2017年11月6日，超过30天的当下周期，对当下股价不构成潜在威胁。

3. 指路线（小）：南钢股份 600282

2017年5月22日，南钢股份600282上涨0.95%，经过两个月左右的上行，价格从3.18元上涨至5.88元，增长了84%（见图7-4）。

其一，从形态看，该股票呈现指路形态构造，幅度为1%以内，比较温和，多空之间的力量对比不太悬殊。

其二，从天时看，当个统计时期，属于周期性板块规律轮动的时间节点，切合公司的主营业务。该公司是以宽中厚板钢为主要产品的钢铁生产企业，拥有从焦化、烧结、炼铁、炼钢的到轧钢的完整的长流程生产系统，其中桥梁板、船板、管线钢等高端品种均位列行业前茅，公司

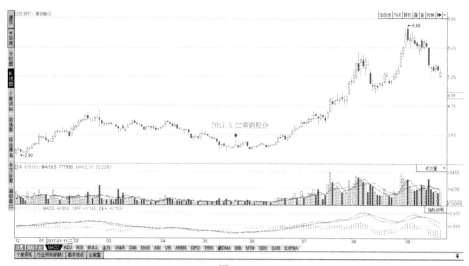

图 7-4

的高端客户、重点客户居于市场主导地位，在周期性板块轮动过程中具有重要意义。

其三，从势头看，2017 年 1 月 7 号，公司发布股票激励计划。向激励对象授予的股票期权总计不超过 7924 万份，涉及的标的股票为人民币 A 股普通股，约占本预案公告时公司股本总额的 2%；本激励计划授予的股票期权的行权价格为 3.40 元/份，有效激发了广大员工干事的创业激情。

其四，从动力形态看，龙虎线、火山柱、能量柱都持续朝着向好的方向运动变化。

其五，从发展演化看，利润增长迅猛，财务情况优异。上一个季度，净利润从 3.54 亿元增为 5.49 亿元，每股净资产从 1.8 元增长至 1.94 元，每股基本收益从 0.09 元变为 0.14 元，财务指标总体表现比较优异。

四、墓碑线

图 7-5　墓碑线

（一）墓碑线的内涵

墓碑，是一种祭奠逝者的符号图腾，是死亡之后灵魂的刻录标识。墓碑具有指示方向，铭记主人生平的作用。许多盗墓者就是通过墓碑来确定主人身份和墓穴方向，从而在最快的时间里完成挖掘任务。金融市场也是如此，通过墓碑形态的出现，辨别市场可能出现的危机，做好全方位的防范预案，确保操作的稳定性与持续性。

（二）墓碑线的运用

墓碑线的操盘口诀为：一段乱岗长条石，世人惊觉已显迟，鎏金岁月不珍惜，只是当时太偏执。含义为：一根影线长长的墓碑线出现，当人们发现时已经迟了，前期的盈利与收获没能好好珍惜，不懂见好就收，现在想起来，都觉得当时太偏执了。墓碑线广泛存在于行情见顶阶段，一般为主力持续了一段时期的拉升以后，积攒了较多的盈利，在天时、地利、人和较为合适的某一天，突然开启加速度，快速冲高吸引市场目光，随着跟风盘的涌入，在某一时刻的顶部位置，突然天量出货，留下长长的上影，牢牢套住跟风追高者，整个过程可能不到一分钟，讲求的是速战速决。这就应了古人的那句话"乐极生悲"。往往灾难就潜伏在巨大的欢喜里，而机遇就倚靠在巨大的悲痛中。你看到的持续创新高，往往就是个巨大的天坑，等着散户往下跳。

（三）墓碑线的案例

1. 墓碑线（大）：海越股份 600387

2017 年 6 月 19 日海越股份 600387 的跌幅为 10%，经过 20 个交易日，价格从 15.04 元跌至 11.11 元，下降幅度为 26%（见图 7-6）。

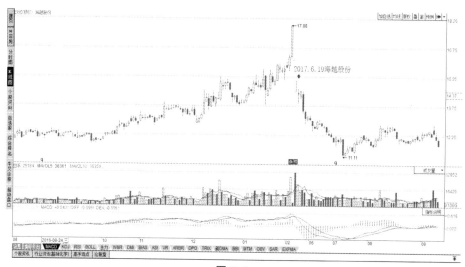

图 7-6

其一，从形态看，呈现墓碑线构造，跌幅为 3% 以上，梨花带雨，杀气腾腾，属于大墓碑线构造。

其二，从天时看，该公司是一家致力于警用交通、水利及其他基础设施的投资开发及液化气制品的销售的公司，公司的主要产品有成品油、液化气、公路征费，在单个统计周期里，非热点题材板块。

其三，从势头看，单个统计周期存在一定的担保关联性风险。公司控股子公司宁波海越向银行申请流动资金授信，最高额度为 30 亿元人民币。公司拟为其贷款提供 51% 范围内的担保（宁波海越的其他股东依据其出资比例提供相应担保）。

其四，从动力形态看，龙虎线、能量柱、冰川柱都朝着趋势变坏的方向延伸。

其五，从发展演化看，上个季度，营业总收入从 97.92 亿元下降为 25.83 亿元，净利润从 4002 万元下降为 2729 万元，每股基本收益从 0.10 元下降为 0.07 元，整体的财务与上期相比，略显逊色。

2. 墓碑线（中）：飞荣达 300602

2017 年 5 月 19 日，飞荣达 300602 价格为 53.43 元，经过 2 个月左右的时间，股价下跌到 40.60 元，下跌幅度为 20% 左右（见图 7-7）。

图 7-7

其一，从形态看，该股呈现墓碑线，下跌在 1%~3%，属于中等幅度墓碑线，其势森然，具有较大的风险性。

其二，从天时看，股本结构较为松散。前十大流通股东中，个人偏多，占据了 90% 的席位，仅有一家机构身影，即国联安选行业混合证券投资基金。该基金的业绩表现亦是平平，整体股东构成不太突出。

其三，从势头看，该公司主要从事电磁屏蔽及导热器件的研发、设计、生产与销售，为客户提供电磁屏蔽及导热应用解决方案，公司主要产品包括电磁屏蔽器件和导热器件，非当个统计周期内的热点题材板块。

其四，从动力形态看，龙虎线、能量柱、火山柱开始逐步走向衰退，影响了趋势的变化发展。

其五，从发展演变看，上个季度对比以前，营业总收入由 8.43 亿元下降至 2.21 亿元；净利润由 1.16 亿元下降为 1613 万元，每股总收益由 1.55 元下降为 0.18 元。下降趋势较为明显，潜在风险值得关注。

3. 墓碑线（小）：宏达股份 600331

2017 年 4 月 7 日，宏达股份 600331 下跌 0.61%，经过 32 个交易日，股价从 6.67 元下降到 4.95 元，下降幅度 25%（见图 7-8）。

图 7-8

其一，从形态看，呈现墓碑形态，下跌空间为 1% 以内，属于幅度较小的墓碑构造，寒气初现，具有一定的风险性。

其二，从天时看，该企业主要从事冶金、化工、矿山开采。其主要提供的产品有锌锭、磷酸一铵和硫化铅精矿等，属于传统行业，非当期热门题材。

其三，从势头看，主力不断减仓，市场抛压重。最近几个季度，主力分别抛售了 2481 万股、3690 万股、1484 万股，市场信心受到打击，散户持股数日益上升，不利于该股之后的市场拉升和运作。

其四，从动力形态看，龙虎线钝化往下探底，能量柱不断缩减面积，冰川柱逐步累积成势，整体维度朝着空方的道路前进。

其五，从发展演化看，在财务方面，业绩下降快。对比上一个季度，营业总收入从 40.76 亿元下降为 9.15 亿元，净利润从 1.28 亿元下降为 6767 亿元，每股净收益从 0.06 元下降为 0.02 元，未来面临一定的市场不确定因素。

五、战法总结

这是一种特别的上影加非实体构成的形态，主体部分呈现出线性结构，这说明主力之间的悬殊性，胜负非常明显。其中，一个是鲤鱼跃龙门，将走向新的天地，一个是中道崩殂，将进入深渊的休眠期。

（1）从总体看，该战法具有较大的斗争性，要么是方向指引，开拓一层新境界；要么是乌云附体，堕入长眠的墓碑里。在操作的时候注意对幅度的判断，当判定好属性后，可以从容决定操作的进退。

（2）在战法里，墓碑的出现如果伴随着封板跌停，则在之后要把握逃命的机会，及时出局止损；如果是收阳并伴随着大幅度的指路形态，则考虑酌情加仓。一般而言，加仓选择横向加，止损选择逆向止。

（3）一般而言，该战法多实践于一只股票运行周期的中段位置，暗示主力进退的风向标，当天的走势属性确定后，很容易会持续一个月以上的同类性质，这就给短线持有者一个较好的时间节点参考。

（4）如果前一天收大幅的阴阳，则能紧紧吸收当天的形态，这时应以前一天的 K 线性质定属性，当天的走势就只能作为一种参考，最后的操作依据也要以前一天的大幅阴阳为基准，放低一层对当天形态的考量。

（5）如果呈现三根附近包含的 K 线，相互之间有高高低低的分型构造，则要提升一个维度，以缠论分型模型来考量后期的多空双方演变关系，不能仅局限于一根 K 线图形。同时，也要兼顾对前后包含关系的处理，做到技术分解到底到边。

第八章　星空战法

一、战法的背景

（一）星空的内涵

晴朗的夜空里，分布着无数闪闪发光的星星，它们三五成群，组成各式各样的图案，有的明亮有的暗淡，有的规则有的杂乱，有的居中有的偏离，颜色也各不相同。壮丽的星空引起人们无限的遐想。认识星空，是培育良好世界观的途径之一。星空里的星星，既是存在的，又是相对独立的，但星空里更多的是黑洞和周围未知的世界。我们仿佛看到无数星星近在眼前，但又觉得其离现实社会那么遥远，如梦幻泡影，如露亦如电。

梨花院落溶溶月，柳絮池塘淡淡风。曾经那星空下的见证，现在全部都成为了过眼云烟。星空下曾经那么明亮的繁星现在却变得如此黯淡无光。每一幕话剧的落幕又是新的开始，就像从来没有发生过一样全部都成为了时间里的烟雾。星空下的见证也许是虚假的，是浪漫的，是幸福的，是痛苦的……真实的或不真实的承诺一次次的呈现着，无论是什么，漫天的繁星永远为你见证。每一个人都会有着一颗属于他的星星，在你成功时它为你闪烁，为你感到高兴；在你失败时它为你闪烁，为你鼓劲。漫天的繁星曾经凝聚了你的心血，陪你走过一幕幕开心、不开心的时光，它是你最忠诚的伙伴，永远都不会背叛你，不论成功还是失败，它永远会在你的背后默默地支持着你。

股票操作领域，与星空领域极其类似，仿佛也是一个巨大无边的缥缈世界。一方面，我们需要仰望星空，在一个更加宏大的格局下，战略性地谋划好未来操作将要达到的预期；另一方面，我们需要在星空的光耀下，脚踏实地、勇于拼搏，用勤奋和汗水铺陈一条通往成功的路。

（二）星空的形式

星空的形式或以真实的闪烁或以暗黑的空洞而存在，让人既有希望，又有绝望，但心中的火种却一直长生不灭，就如北漂的青年。"北漂族"之所以难以割舍自己的北京梦，是因为在现实生活中存在这样的成功范例。比如在"北漂"中因央视星光大道节目功成名就的李玉刚和石头等，这些好的例子都在点燃"北漂"者心中不灭的火焰。而且在不时地鼓励他们：坚持到底，才是胜利。所以，巨大的诱惑，让先到的人没有痛痛快快地离去，新的人却又排山倒海一波又一波地来了。这也就如金融市场，大部分人都很难赚钱是一个基本规律，但极少数成功的案例，使得老手不愿意走，新手不断加入，进而推动了资本市场的稳定和发展。本质上与"北漂"背后的规律没有什么不同。

（三）星空与股票

星空遥不可及，星星却是时时闪烁，像一个又一个的诱人陷阱。股票市场更是如此，很多看似赚钱的模式，背后却存在着巨大的陷阱。尤其是一些不法从业人员，在给人画饼的同时干着非法的勾当。有一个叫朱大明（化名）的股评师，在电视上的自我介绍是，曾在香港创造二周翻三倍、一月翻七倍的辉煌战绩。这样的一位"股神"，牟利的方法竟然是利用粉丝和散户给自己"抬轿子"。他利用的是财经股票节目嘉宾的身份，自己先低价买入股票，然后在节目里推荐，等散户冲进去之后，他再立刻脱手，这是非常典型的"抢帽子"手法。

随着牛市重来，"抢帽子"手法再次死灰复燃。朱大明案是近年来证监会查处的一起比较典型的证券经纪人员采用"抢帽子"手法操纵市场，获利巨大、性质恶劣的案件。这也告诫了投资者切莫盲目跟风、道听途说，不然你可能就是被割的韭菜！股民们总是在不停地反思自己的贪婪，不能及时收手，却没有料到买入的那一刻即被做入局内。股民们最应培养的是独立思考能力，但其中绝大多数常见的行为路径就是听风就是雨，几乎每个人都听过这样的话："我朋友跟我讲了几只股票……"然而，你永远不知道，自己到底在消息传播链的哪一个环节，当上游的消息传播者已经成功解套时，处于下游的散户或许才刚刚听到消息。技术面、基本面的研究和盘感的日积月累，才是投资之路的正轨。

二、星空的定义

这里的星空指的是十字星空。十字是一个具有神秘意义的符号。"十字符号"是远古就存在的普遍符号，代表了太阳。巴比伦太阳神，作为太阳神的最重要的标志，通常与外接圆组成太阳轮。另外，"十字符号"也象征了生命之树，是一种繁衍符号，竖条代表男性，横条代表女性。横的代表阴，竖的代表阳。股市里的"十字星"利用呈现不同区位的图形，感受主力阵地战的争夺，进而将其作为近期具体操作的判断依据。"十字星"较为凶险，因为斗争比其他形式更激烈、更集中，就好像是一场具有转折意义的血战，上下左右的触角，都像是这场战役结束后留下的线性残骸。

三、战法的特征

通过中正星、长腿星和矮脚星的形态，了解当下正在发生的改变。往往一些反常现象的发生，就可以折射出一个整体的问题。见到各类的星形构造，我们首先想到的就是经历了一场残酷的战斗，多空双方都有损伤，没有哪一方具备压倒性的态势。因此，我们要注意甄别当时的环境及未来具体的走势演变，更加科学合理地进行操作策略的制定。

四、中正星

图 8-1　中正星

（一）中正星的由来

事物的两端之间，不偏不倚，唯取中正。一个国家需要中正，一个民族需要中正，一个人也需要中正。随着人们思想的进一步解放，社会发展的进一步包容，人们的意识形态从激烈的非对就错和非错就对转向了兼容并蓄，中正也就更多地被运用在为人处世的方方面面。

执两用中，以中正为贵，既是认识论，也是方法论。从认识论的角度看，中正与两端保持同等距离，是最完美的均衡状态，无论偏向任何一端，都将破坏均衡，导致偏斜而使原有结构崩塌；从方法论的角度看，中正意味着处事不偏不倚，追求适中与合度，任何的"过度"或"不及"都无法保持事物的善美状态。"中正"的思想与儒家的中庸之道，在本质上是完全一致的。

（二）中正星的运用

中正星自身没有倾向，具有均衡的属性，所以，依靠中正星断定趋势需要考量前一根 K 线的属性，由此来结合，才会得出较为精准的分析依据。这就好比一个老实人，天生较为善良木讷，如果跟他在一起的是个坏人，那么老实人迟早会被拉下水；如果一起为伴的是个好人，老实人也会愈发成为一个人品优良的人。所谓近朱者赤、近墨者黑，"小鸡跟小鸭玩久了，迟早也会被带下水"。结合前一根 K 线属性的判断是做好科学判断的重要依据。

（三）中正星的案例

1. 中正怀阴形态

当天收盘为中正星，多空处在战略相持的阶段，分不清胜负。但前天收盘为阴线实体，前天的空头战略阵地仍然没有被攻破，收盘的重心仍然在前天的阴线实体的包裹之下，如同一个会水但身负铅球的人，最终会沉没下去。这意味着卖方甩货的负担仍然把中正的天平最终压向了调整的一边，属性看似中立实则运行会倒向空头的一方，整体组合起来呈现看跌的势头。

案例：光蒲股份 300632

2017 年 5 月 19 日，光蒲股份 300632 上涨 1.37%，经历了 15 个交易日，价格从 29.30 元变为 22.51 元，下降幅度为 23%（见图 8-2）。

图 8-2

其一，从形态看，属于中正星，前一根 K 线为阴，奠定了两根结合后 K 线的未来属性，构建了中正怀阴的形态。

其二，从天时看，散户偏多。股东构成中，60% 以上都是以散户个人为主，机构持股的比重较轻，持股总体比较分散。

其三，从势头看，该公司主要从事 LED 照明、LED 封装、LED 背光模组及配套件、FPC 的研发、生产、销售，形成了 LED 照明和 LED 封装为核心，涵盖 LED 和 FPC 两大类产品线，非当期的热点概念题材。

其四，从动力形态看，龙虎线高位跌落，冰川柱逐步堆积，能量柱开始萎缩。

其五，从演化发展看，上个季度对比以前，每股基本收益、净利润、净资产收益率都略有下降，财务状况需要进一步提质增效。

2. 中正怀阳形态

当天呈现为中正星，未来趋势不明显，但前一天收为实体阳线的余威仍在，给未来指明了方向。前一天的阳线直接包容了当天的星形，使得未来运行轨迹继续前日的方向，这两者的组合仍然是多头控制局面、未来行情继续发展的格局。

案例：正海磁材 300224

2017 年 6 月 27 日正海磁材 300224 收涨 0.11%，价格从 8.95 元，经过 9 个交易日的运行，达到 12.27 元。上涨幅度为 37%（见图 8-3）。

图 8-3

其一，从形态看属于中正星，前一个交易日为阳 K 线，两者结合起来的属性为阳性主导，故为中正怀阳星。

其二，从天时看，持股比较集中。股东基本以机构为主，占据了 90% 的比例，其中包括人寿保险和社保基金，暗示着该股未来的潜在价值。

其三，从势头看，该公司是一家国内新能源和节能环保领域高性能永磁材料的主要供应企业，公司主要产品为高性能永磁材料。公司被山东省科学技术厅、山东省财政厅、山东省国家税务局、山东省地方税务局联合认定为高新技术企业，属于当期的热点题材概念股。

其四，从动力形态看，龙虎线跃出平面，火山柱成长良好，能量柱不断扩大面积。

其五，从演化发展看，公司积极实施转股和分红，促进市场的关注度和参与度，同时，根据业务发展需要，为提升公司新能源汽车动力业务的核心竞争力，打造新能源汽车业务的发展平台，积极参与并购重组项目。

3. 中正双子星

当日为中正星，多空交织看不清胜负，而前一天也是十字星形态，此种情况意味着多空之间的分歧进一步加剧，反复进行争夺而上下都留出长长的影子。一方面，这样的构造实行既往推移原则，也就是追溯之前是否有较为客观的实体阴阳线，如果存在，则以离二者组合最近的一根实体 K 线的属性定分未来的方向。另一方面，这种情况还需要考虑重心的分布，如果重心抬高，则未来朝着可喜的方向发展；若重心下降，则要考虑短线面临的进一步杀跌；如果重心彼此高度仿佛，则继续往前回溯，直至分清重心偏好为止。

案例：联得装备 300545

2017 年 8 月 8 号，联得装备 300545 涨幅 0.06%，经过 22 个交易日的运行，股价从 49.80 元变为 64.91 元，上涨幅度为 30%（见图 8-4）。

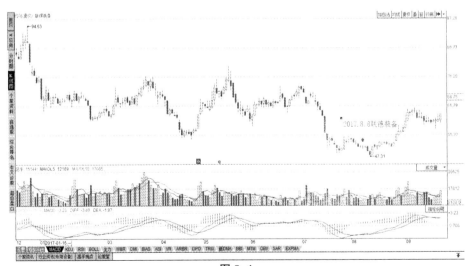

图 8-4

其一，从形态看，收中正星，前一个交易日同样收于十字星，两个十字星相遇，减缓了势力动能，构成了中正双星结构。

其二，从天时看，主力持仓数量有所上升。上个季度来看，主力持仓数量由减少 103 万股变为增长 365 万股，增长幅度比较明显。

其三，从势头看，上个计算周期，公司因发展战略的需要，拓展市场贸易业务、整合先进材料应用技术，以提升公司核心竞争力和盈利能力，拟以自有资金设立全资子公司，增强了公司整体战斗力。

其四，从动力形态看，龙虎线昂扬向上，火山柱蓄势待发，能量柱不断扩大，具备较为显著的攻击形态。

其五，从演化发展看，财务运行良好。上季度对比之前，每股基本收益从 0.07 元跃升为 0.37 元，净利润从 489 万元上升至 2637 万元，营业总收入从 6683 万元增长到 2.08 亿元，业绩有了巨大的进步。

五、长腿星

图 8-5　长腿星

（一）长腿星的内涵

长腿顾名思义，就是腿很长，一般指人类的身体构造。根据几何美学原理，人类的腿部和上半身达到三比二的比例，这样的人看起来身体匀称。腿长之所以能成为一种外在魅力，主要原因是人们在潜意识中会将腿的长度和身体素质能力挂钩。自然界中陆地移动速度较快的动物往往天生就是大长腿，例如猎豹、羚羊、马、鸵鸟。当然也有例外情况，比如人类跑不过腿占身体比例更短的熊，但是腿长等于速度快，这个基本的判断在大部分情况下都是灵验的。具有丰富生活经验的人应该清楚，我们在表述对某项技能掌握还不全面的时候，喜欢用"短腿"这个词语。而这个说法一般和生物意义上的四肢长度没啥关系，纯粹是出于一种固有思维。哪怕一个人的腿并不短，只要行动慢吞吞，照样会被说腿短。为啥人类基因里会刻下这种固有思维呢？试想在原始社会，腿比别人短会带来哪些影响。收集食物困难：从树上摘果子，别人踮脚能拿到的，你需要冒着受伤的危险爬树。集体行动更消耗体力：一起打猎或搬家，别人慢慢走就可以，你得一路小跑才能跟上大家。难以跨越复杂地势：蹚水过河时体势过低，更容易被急流冲走。容易成为野兽的目标：遇见大型猫科动物，被其目光打量后，会被判定为最好欺负的对象，不扑别人只扑你。至此，上述问题的答案便昭然若揭了。

在现代，"长腿欧巴"曾经一度非常火爆，尤其是广大热爱韩剧的少女们，剧中的男一号大都长腿秀气，甚至他们自身的喜好，比如爱喝啤酒，爱吃炸鸡的习惯也被广为模仿。在人体构造学中，长腿是身材修长的重要保障，也是成为俊男靓女的必要因素，我们生活中见到的空乘小姐、平面模特往往都是这类体型，他们普遍构筑了较为完美的身材曲线，拥有较好的气质。

（二）长腿星的运用

长腿星的操盘口诀为：世上万般千姿相，虚实相间最难量，若问趋势何时了，进退维谷偏好长。这种形态一般是在冲高回落之后，下方有较强支撑，收盘在腰位以上。意味着后市会成为高富帅、白富美之可能，故而偏看多。如果是处于底部区域，则说明多空交战白炽化，多方胜利，可能会带来一段反弹的行情。尤其是长腿星结合前一根 K 线很容易构筑

"刺透形态"，结合前两根 K 线容易构成"金针探海"形态，可谓是百搭型元素，具有非常好的适应性和延展性。

（三）长腿星的案例

案例：恒通科技 300374

2017 年 7 月 5 日恒通科技 300374 涨幅为 1.49%，最低 26.08 元，经过 32 天的反弹，最终冲上 33.50 元的价位，涨幅为 28%（见图 8-6）。

图 8-6

其一，从形态看，该形态为长腿线，高脚束腰，酷似一位身材修长的女子，亭亭玉立在人群之中。

其二，从天时看，公司积极加快资本运作步伐，并于统计日附近，收购大连展宏再生资源回收有限公司，实现了自身技术实力的提升，对布局未来新能源产业具有重要的推动意义。

其三，从势头看，公司自主研发了核心产品的配方技术、工艺技术，拥有多项专利和非专利技术，具备独立的新材料研发能力和产品设计能力，并与上游装备和模具厂家合作，开发了配合公司自主研发的配方和工艺的专用设备和模具，具有一定的行业题材优势。

其四，从动力形态看，龙虎线上攻健康有序，火山柱不断堆新力量，能量柱面积显著扩大。

其五，从演化发展看，与上一个季度对比看，每股的基本收益从0.03元提升至0.14元，利润从555万元增长至2821万元，营业总收入从1.99亿元变为5.12亿元，绝大多数指标都较前期有明显的进步。

六、矮脚星

图 8-7　矮脚星

（一）矮脚星的内涵

矮脚，对应之前的长腿，是一种相互补充的形体状态。矮脚也不必然就处于劣势，一般来说，当代短跑健将，很多都是非洲部落里的短腿兄弟，并不断刷新着世界纪录。而在古代，还有一位了不起的人物以矮脚定绰号，那就是"矮脚虎"王英。王英是两淮人氏，生得五短身材。他原是车家出身，半路见财起意，便劫了客人，结果事发被捕。后越狱逃走，到青州清风山落草，与锦毛虎燕顺、白面郎君郑天寿一同打家劫舍，并成了梁山一百零八将中的一员。但，在金融股票市场领域，矮脚星一般代表着多方力量的衰竭。

（二）矮脚星的运用

矮脚星的操盘口诀为：天穹散星辰，起落有定论，怎奈天生短，徒有艳羡情。这句话的意思为：天空散满了星辰，起落和飘移都有一定的轨迹，有些自然形成的星辰短小、微弱，只能远远羡慕日月的宏长和明亮了。

矮脚星图形，上半身长，下半身短，发育不完整，这意味着一种病态，是一种较为危险的信号，后市大盘往往看弱，如果是出现在一段行情的顶部阶段，伴随着滞涨和缩量，往往意味着趋势的终结，杀跌随之而来。如果是伴随前一根 K 线一同走弱，则容易构成乌云掠顶的信号。

（三）矮脚星的案例

案例：凯撒旅游 000796

2017 年 3 月 27 日，凯撒旅游 000796 从最高的 16.30 元跌到 10.70 元，经过 44 个交易日，下跌幅度为 34%（见图 8-8）。

图 8-8

其一，从形态看，开盘冲高后，遭遇主力打压，迅速开始回落并呈现上宽下窄的矮脚星形态。

其二，从天时看，该公司主要从事航食、铁路配餐和出境游业务，致力于为客户提供最值得信赖的现代出境游服务和从空中延伸至地面的健康饮食新体验，但受制于全球经济的不景气，产业增速受到一定的冲击。

其三，从势头看，公司顺应"一带一路"倡议，深入发掘丝路沿线旅游资源，并将其引入各个产品线，覆盖邮轮、高端团队游、主题旅游等业务。围绕"丝绸之路"大IP，凯撒旅游融合陆地及海上丝绸之路，打造了多方位发展的丝路旅游产品体系。不过，投资回报总会有个周期，距离项目产生实际的规模效益仍有距离。

其四，从动力形态看，龙虎线下沉，冰川柱不断增多，能量柱面积逐渐缩小。

其五，从演化发展看，对比上一个季度，净利润由2.36亿元变为2.13亿元，每股净资产由2.77元下降为2.33元，每股收益由0.29元变为0.26元，财务状况有进一步提升空间。

七、战法总结

星空战法是多空厮杀最残酷的一种形式，兵力聚集在一线天的位置并进行胜负决断，往往留下细长的上方和下方的影线痕迹。各类星线形态尤其容易出现在一段趋势的顶部和底部的关键转折位。

（1）从总体看，呈现星形是多空主力双方近身肉搏战的结果，战斗情况尤为惨烈，所谓杀敌一千，自损八百，尤其是到达战略相持阶段的中正位置，就需要借助前一天的余威来对未来走势进行具体的判定。

（2）星空战法一般出现在顶部或者底部的极端状况之中，顶部如果出现线体下方较短，上方线体较长的形态，则往往是主力出货前的征兆；而在底部出现线体下方较短，线体上方较长的形态，则意味着曙光的到来。

（3）一般而言，星形也要结合前一天的 K 线来进行判断，如果被吸收，则以前一天的形态性质为主，这种情况也广泛存在于其他战法之中，这在以后的专著中会进一步论述，也就是不同的 K 线之间的吸收和兼容处理关系。

（4）星空战法最好结合三根判断，形成三人成虎的星空网格化矩阵，如果出现在底部，就是蛟龙出海的巨大行情启动迹象；如果出现在顶部，则是黑云催城的灾难性时刻的降临，再结合自然周期和数量评估会事半功倍。

第九章　太虚涨停战法

一、战法的背景

（一）太虚的内涵

魏晋道家思想盛行，为了改变过于封建迷信的玄学信仰，将其建立在理性的本体论基础上，韩康伯提出了"太虚"学说，试图将玄学前辈的各种宇宙本体学说，何晏、王弼的贵"无"论，嵇康、阮籍所持的传统的"元气"说和郭象的"独化"论融为一体。他继承了魏晋玄学的"有无之辩"的学术传统，在"有、无"关系上创立新说。请看韩康伯一段高度概括性的论述："原夫两仪之运，万物之动，岂有使之然哉？莫不独化于太虚。欻尔而自造矣。"

这段文字的哲学信息极为丰富，从中可看到韩康伯的主要思想由两个互相联系的方面构成。其一，万物的生化规律是无形的，而无形世界不能确知，只能从不同认识角度，进行推理，证明无形世界"无"是有形世界"有"的根本。依据万物皆"从无到有"这一经验，假设万物可能有个最初的来源，从空间角度，可将无形世界称之为"太虚"。

（二）太虚幻境传说

古代经典著作记录了这样一个故事，周穆王时，最西方的国家有个能幻化的人来到中国，他能进入水火之中，穿过金属岩石，能翻越山河，移动城市，悬在空中不会坠落。穆王对他像天神一样的尊敬，像国君一样的侍奉，把自己的寝宫让出来让他居住，选择美丽的女子乐队供他娱乐。没住多久，他邀请穆王一同出去游玩。穆王拉着他的衣袖，便腾云而上，到天的中央才停下来。接着便到了幻化人的宫殿。幻化人的宫殿用金银建筑，以珠玉装饰，在白云与雷雨之上，但不知道它下面以什么为依托，其看上去好像是屯留在白云之中。耳朵听到的，眼睛看到的，鼻子闻到的，口舌尝到的，都是人间所没有的东西。穆王真以为到了清都、紫微、钧天、广乐这些天帝所居住的地方。穆王低下头往地面上看去，见自己的宫殿楼台简直像垒起来的土块和堆起来的茅草。虽然是古人想象出来的美好传说，但上述的事例也说明了，所处的层级不同，内心的感受和结果也不同，这就像每个人的操作周期，以一分钟为依据，一天可以有 240 根 K 线作为参考；以五分钟为依据，一天可以有 48 根 K 线作为参考，而以十年为依据，整个股票在中国交易产生的轨迹也不过几根 K 线。格局决定思想，格局决定人生。

（三）太虚与股票

一方面是精神层面。没有技术体系作为支撑，容易陷入自我的幻想境地之中。我们往往认为股票要涨的时候，陷入了精神的狂热，但结果往往是下跌引导行情。我们押房卖车进入股票市场想要实现利润的时候，往往出来时只剩下一辆自行车和一间茅草屋；我们杠杆融资，进行满仓梭哈觉得要实现人生小目标的时候，恰恰就是巨大厄难降临的时候。身边这样的情况比比皆是，有段时间股市很好，一群朋友中午一边吃鸡翅一边掏出手机看股票。一个乞丐进来乞讨，朋友给他一块鸡翅后继续看股票，乞丐啃着鸡翅没走，在旁看着。过了一会，乞丐悄悄说：长期均线金叉，KDJ 数值底部反复钝化，MACD 底背离，能量潮喇叭口扩大，这股就要涨了。朋友很是惊诧地问：这个你也懂？乞丐说：不懂我能有今天？故事虽然夸张，但不得不令人深思，乞丐只学了肤浅的碎片化知识，而没能学到核心精髓，只停留在了理论，没贯彻到行动。懂了不代表会了，会了不代表做了，知与行之间还是有很大的距离空间的。

　　另一方面是身体层面。身体太虚则不能沉迷股票。在忽上忽下的股指面前，绝大多数股民都有一些共同特征：久坐不动、饮食马虎、情绪紧张等。以上行为可能会引起心理障碍、视力下降、听力下降等诸多危害健康的症状及疾病。在现实社会里，有人 25 岁就当上 CEO，却在 50 岁去世。也有人 50 岁才当上 CEO 然后活到 90 岁。对于活着的人来说，没有什么比健康更重要。做股票的第一要务是身体健康，这样才能更持久地享受财富增值带来的快乐。

二、太虚的金融市场定义

　　在涨停板的世界里，上一个交易日非一字板涨停，我们称这样的形态为太虚形态。既然涨停，却没能开盘牢牢封死，而是在之后运行的过程中逐步涨停，这就是涨停板里的太虚境地，看似缓慢艰难上行，随时可能倒下，但结果是涨停出现，往往我们在这个过程中会因为自我的不自信，被提前甩下车，成为自我太虚幻境中的受害者。一切的原因在于自我的内心没有彻底看淡和放下，断舍离修持不够精进，觉知力和自制力还不够强大。而当看透了一切，就会明白这是一个周而复始、不断反复的过程，一切都是循环出现的，股票如此，人类社会更是这样，这也就是所谓的因果。80 后炒股人生赢家成功将股市炒高，然后卖给 70 后、

60 后大妈，实现了 70 后、60 后大妈股市套牢的状态；不过，70 后大妈炒房卖给 80 后，成功实现了 70 后炒高楼市让 80 后接盘的反转逆袭；60 后大妈的 90 后女儿嫁给了 80 后炒股人生赢家，从而收割了一切。一切都是周而复始、循环往复的，看透了，人生的格局才会宽大，做股票也会更加沉稳老练。

三、太虚的特征

（一）非一字板

这里的一字板是指开盘即大单封住涨停，其他股民无法买进的情况，一字板是一种极端情况，往往出现在股票具有重大利好消息的期间，伴随着各路机构资金的蜂拥抢筹。而若虚战法是避开这种极端强势的情形，在前一天的涨停过程中，有过开板，意味着主力的实力还不够绝对强悍，在一字板的道路上有些"太虚"，让其他散户有买入的机会。

（二）热点题材

热点题材，一般而言，是排名在前六的板块题材。如果排名跌出六名开外，意味着该类板块当天不强，能否继续封板，就会存在市场心理层面的不确定，结果是很难有连续涨停的表现。任何涨停的基础都在于能量的强势，如果热度不够则长远的爆发力不足。

（三）第二天开盘幅度不大于 3%

这是通过概率盈亏比做的一个心理账户胜负取舍。如果高开超过三个百分点以上，即便当天涨停，所得利润也不过七个点左右，但面临的主力拉升出货的风险以及回调下杀的风险会很大，往往会有几十点的后续调整，用七个点的预期收益去对赌潜在几十点的调整，这样的投资预期是值得人三思的，故在我的战法里，高开三个点的情形直接舍弃。

（四）第二天突破开盘前高

若一只个股前天非一字板涨停之后，第二天开盘略低开，意味着昨天追涨停的资金不少是被套住的，如果这部分被套的资金无法解套，那么当天的拉升会遇到很大的拉升阻力，所以，必须要把当天开盘的高点给打掉同时突破零点分界线，使昨天的涨停套牢盘解套且今天的趋势由阴变阳，由盛变衰。

（五）30 天内无解禁

一般而言，拉升涨停的最大忌讳就是主力砸盘，而砸盘最凶猛的情形莫过于大小非等主力解禁，故而在做涨停战法的过程中，要时刻留意个股的历史解禁情况，对那些 30 天内可能面临解禁的个股选择放弃。

四、太虚战法案例

（一）成功案例

案例：西宁特钢 600117

2017 年 7 月 28 日西宁特钢 600117 收出了太虚涨停形态，经过 3 天，价格从 6.90 元窜至 9.08 元，上涨幅度为 31%（见图 9-1）。

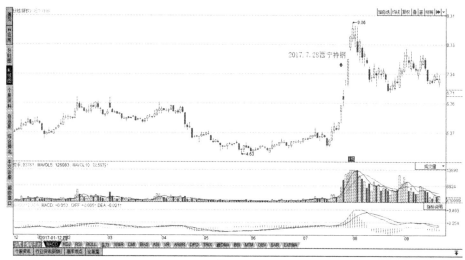

2017.7.28西宁特钢

图 9-1

其一，从形态看，属于太虚涨停构造。虽然开盘是涨停，但在上午11点左右到下午2点左右的交易时间里，股民仍然有机会买进，属于非一字板涨停（见图9-2）。

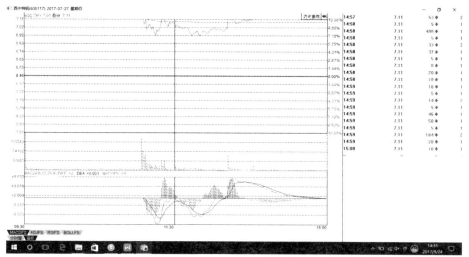

图 9-2

其二，从天时看，供给侧概念，属于当时热点。西宁特殊钢股份有限公司主要经营特殊钢的冶炼和锻压加工，其主要产品包括了合结钢、碳结钢、焦炭等产品。

其三，从势头看，公司经营业绩改善，股东不定期获得股息分红，股东的情绪得到明显舒缓，持股的信念进一步增强，有利于筹码集中。

其四，从动力形态看，平稳开盘，幅度在三个点以内。第二天低开两个点，后迅速拉伸，之后多空反复较量，在 10 点左右，翻红突破，并于 11 点半左右封板，完成了连续两个板的构造（见图 9-3）。

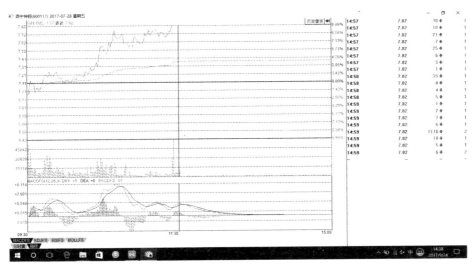

图 9-3

其五，从演化发展看，30 天内无解禁。最近的一次解禁发生在 2010 年 3 月 31 日，已经过去 7 年多时间了，即将到来的一次解禁在 2019 年 11 月 25 日，离统计参考日，尚且具有 2 年多时间。

案例：新兴铸管 000778

2017 年 4 月 10 日，新兴铸管 000778 收出太虚涨停形态，经过 2 个交易日的厮杀，股价从 7.09 元上涨到 8.73 元，涨幅为 23%（见图 9-4）。

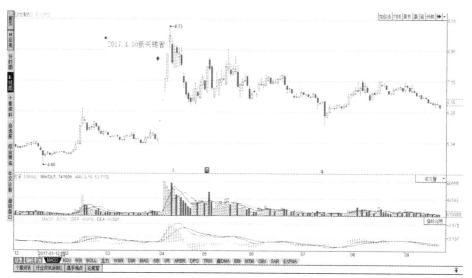

图 9-4

其一，从形态看，属于太虚涨停构造。当天封板开盘，交易十分钟左右被砸开，一直到下午一点半左右重新封板，此期间有较多的买入时机（见图 9-5）。

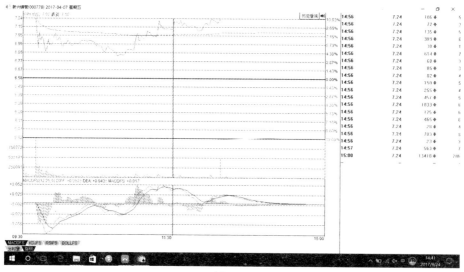

图 9-5

其二，从天时看，该股属于热点题材中的雄安概念，在当天的走势板块里排名靠前。该公司是一家以离心球墨铸铁管及配套管件和钢铁冶炼及压延加工产品为主要产品的企业。公司以钢铁生产为基础，以铸管为主导，是我国最大的球墨铸铁管及管件生产基地。

其三，从势头看，积极增发，扩大战果。统计当期，经中国证券监督管理委员会核准，新兴铸管股份有限公司拟向特定投资者非公开发行不超过490196078股新股。其中，光大证券股份有限公司是新兴铸管本次非公开发行股票的保荐机构及主承销商。

其四，从动力形态看，第二个交易日平稳开盘，幅度在三个点以内。早上略低开，之后迅速拉升，在10点左右封板并在11点附近打开，之后在邻近收盘的时候再次封板（见图9-6）。

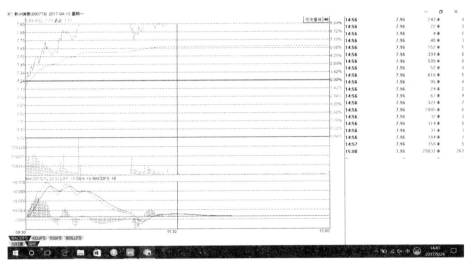

图 9-6

其五，从演化发展看，30天内无解禁。最近的一次解禁发生在2013年12月16日，距离目前接近4年的周期，即将到来的解禁在2018年4月6日，还有将近1年的时间。

案例：赢时胜 300377

2017 年 8 月 9 日赢时胜 300377 呈现出太虚涨停状态，经过 7 天，价格从14.02 元上升到 17.44 元，上升幅度为 24%（见图 9-7）。

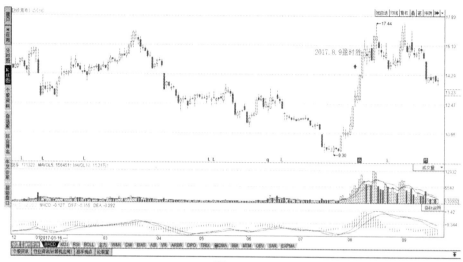

图 9-7

其一，从形态看，属于太虚涨停构造。前一天在上午 11 点左右封板，后被砸开，到下午 1 点半左右重新封板，期间有大量的买入机会（见图 9-8）。

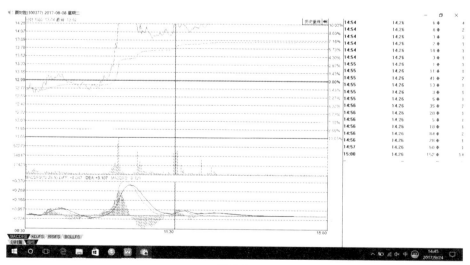

图 9-8

其二，从天时看，该公司是一家以开发金融资产管理系列专用软件为核心的高科技企业，是从事金融业务软件开发的专业公司。属于热点题材区块链，连续几天占据板块前几位。

其三，从势头看，大股东增持。该公司实际控制人及董事长、总经理，基于对公司未来发展前景的信心及对公司价值的认可，通过深圳证券交易所交易系统在二级市场以竞价交易的方式增持本公司股份，进一步提振了参与者的信心。

其四，从动力形态看，当天开盘幅度在3%以下。早盘微跌开盘，到10点左右，打破早盘前期高点并进行拉升突破，后经过几次盘整和拉升，在尾盘收出了涨停。

其五，从演化发展看，最近一次解禁发生在2016年3月23日，距离现在大约1年半的时间，后期暂无大小非解禁情况发生。

（二）失败案例

案例：九鼎新材 002201

2017年3月17日，九鼎新材002201收太虚涨停形态，该股早上平开，运行至10点左右突然拉升，后有短暂砸盘开板，之后大单挺进，迅速封板至收盘（见图9-10）。

失败原因：第二个交易日低开低走，反弹无力，无法解套昨天高位追涨停的浮筹，也无法突破开盘前创立的高度，势道不断减退，全天处于低迷状态，属于太虚涨停战法中失败的例子（见图9-11）。

图 9-9

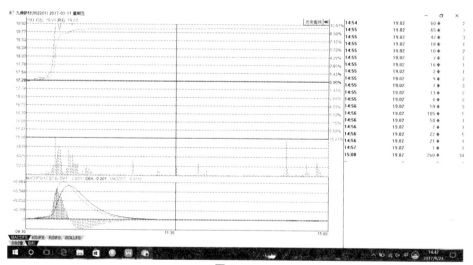

图 9-10

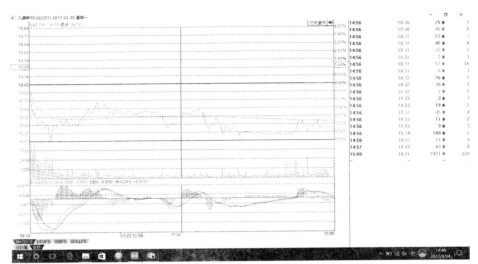

图 9-11

案例：爱康科技 002610

2017 年 8 月 2 日，爱康科技 002610 收出了太虚涨停形态。早上高开并封板，之后被砸开，不久又被重新抬起，在 10 点左右封板至全天（见图 9-12、图 9-13）。

图 9-12

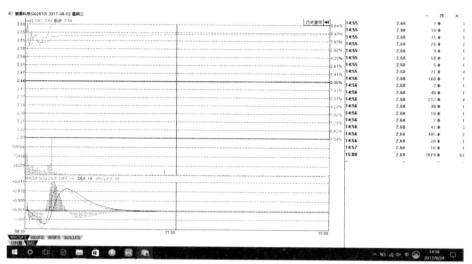

图 9-13

失败原因：第二天开盘迅速拉高三个点以上，具有较大的冲高出货风险，不符合太虚涨停战法开盘在三个点以内的要求（见图 9-14）。

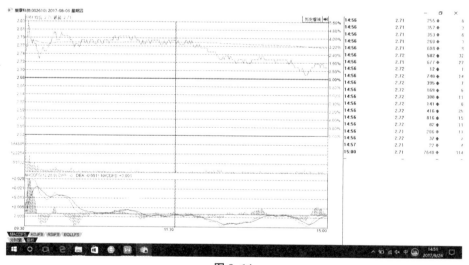

图 9-14

案例：瑞和股份 002620

2017年3月17日，瑞和股份002620收出了太虚涨停形态，上午一直在缓慢推进，下午在1点40左右封板至收盘（见图9-15、图9-16）。

图 9-15

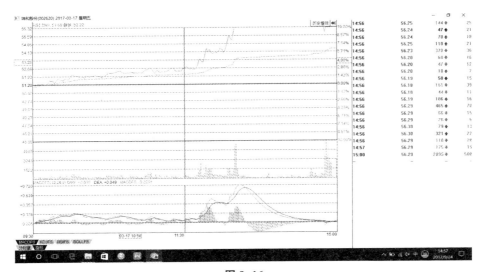

图 9-16

失败原因：第二个交易日早盘的构建完全符合形态上的 3% 以内并打破开盘高点的定义，但中期却突然转头往下并一直探求新底，直到临近收盘才略有改观。失败的根源在于非当期热点题材排名前六的板块。该公司属于建筑装饰行业，不属于当期热点题材排名前六的板块。该公司是一家以承接酒店、写字楼、大剧院和地铁等公共装饰工程和高档住宅精装修的设计及工程施工为主要业务的公司，行业属于比较保守的类型，当期的板块活跃度低（见图 9-17）。

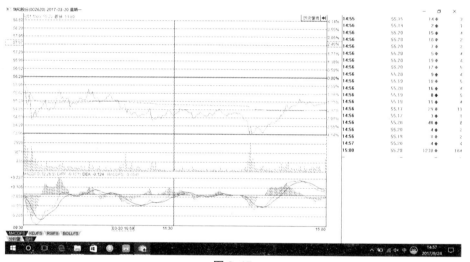

图 9-17

五、战法要诀

该战法最好的选择标的是热点板块和题材风口，具有持续性和炒作性。而事件型驱动、短期消息型驱动的题材热点板块则需要持慎重的态度，因为往往都是昙花一现，调整到来的窗口会非常快。而那些防守型板块和护盘性蓝筹群体则应该果断放弃，毕竟股性不够活跃。对于体量超过 300 亿资金流通盘的个股，也可以选择忽略，体量太大，主力拉升吃力，不容易产生妖股。

首先，要确立非一字板形态的太虚涨停构造的个股，并以此作为选择标的进行深入研究。一般而言，打板的情况在牛市可以仓位偏重，在偏弱的当下市场，三成仓位为宜，避免资金仓位重，引起控盘主力的警觉。

其次，要做好及时的止损止盈，当第二天买入没能继续涨停，甚至出现买入就被套的情况，第三天一定要注意及时出货。尤其是遇到被套的情况，更要有踏石留印，抓铁有痕的决心，否则很容易掉进深坑。

再次，进行这种战法的操作，要有绝对的白天盯盘时间作为保障，打板是一项高风险高收益的行为，有时候相差几分钟，结局可能就会相反，所以，专注敬业在打板过程中尤为重要。

最后，牢记由外而内的分析方式，也就是说形态上必须满足前一天的太虚涨停形态，第二天满足 3% 以内的开盘走势并能打破开盘前高并解放昨天和今天买入的套牢盘，完成了这些后，再考虑该股的解禁及题材行业近期的热点排名情况，当解禁周期快要到来或者该题材板块近期表现挤不进前六，即便形态再好，也要选择性放弃，避免遇到金玉其表、败絮其中的诱多情形。

结束语：想，都是问题；干，才是答案。干活干活，干了才能活，否则都是白活。技术就是一把屠龙刀，有些人看透了人世间一切缘起、缘落，一切的繁华、落寞，一切的是非、对错，却仍然没有过好这一生。空谈误国，实干兴邦，希望大家在领会技术的同时，积极去实践，认真去探索，用火热的激情和扎实的理论去开创属于自己的财务自由之路，成就一段传奇神话。